浙江省普通高校
"十三五"新形态教材

中国（杭州）跨境电子商务
综合试验区立项资助教材

中国（杭州）跨境甩
人才联盟推荐教

跨境电子商务新形态立体化教材

最新跨境电商平台、企业和服务商案例
覆盖跨境电商进出口多品类、多产业链

CLASSIC CASES OF
CROSS-BORDER
E-COMMERCE COMPREHENSIVE PILOT AREA

跨境电商综试区
经典案例

武长虹　刘　伟 / 主编

ZHEJIANG UNIVERSITY PRESS
浙江大学出版社

图书在版编目(CIP)数据

跨境电商综试区经典案例 / 武长虹,刘伟主编. —
杭州:浙江大学出版社,2019.6
ISBN 978-7-308-19222-4

Ⅰ.①跨… Ⅱ.①武… ②刘… Ⅲ.①电子商务—商
业企业管理—案例—中国 Ⅳ.①F724.6

中国版本图书馆 CIP 数据核字(2019)第 117624 号

跨境电商综试区经典案例

武长虹 刘 伟 主编

责任编辑	曾 熙	
责任校对	杨利军 黄梦瑶	
封面设计	春天书装	
出版发行	浙江大学出版社	
	(杭州市天目山路 148 号 邮政编码 310007)	
	(网址:http://www.zjupress.com)	
排 版	杭州林智广告有限公司	
印 刷	杭州高腾印务有限公司	
开 本	787mm×1092mm 1/16	
印 张	10	
字 数	180 千	
版 印 次	2019 年 6 月第 1 版 2019 年 6 月第 1 次印刷	
书 号	ISBN 978-7-308-19222-4	
定 价	35.00 元	

"跨境电子商务新形态立体化教材"

丛书编写委员会

编写委员会成员

施黄凯	陈卫菁	柴跃廷	陈德人	章剑林	琚春华
华 迎	武长虹	梅雪峰	马述忠	张玉林	张洪胜
方美玉	金贵朝	蒋长兵	吴功兴	赵浩兴	柯丽敏
邹益民	任建华	刘 伟	戴晓红	张枝军	

支持单位

中国(杭州)跨境电子商务综合试验区

阿里巴巴集团

亚马逊全球开店

Wish 电商学院

中国(杭州)跨境电商人才联盟

国家电子商务虚拟仿真实验教学中心

"跨境电子商务新形态立体化教材"

丛书编写说明

　　"世界电子商务看中国,中国电子商务看浙江,浙江电子商务看杭州。"浙江是经济强省,也是电子商务大省,杭州是"中国电子商务之都",浙江专业电子商务网站数量占全国专业电子商务网站数量的1/3,浙江电子商务的发展与应用水平全国领先。浙江电子商务的成就,主要归功于政府开放式创新创业氛围的营造和大量电子商务专业人才的贡献。

　　自2015年3月7日国务院批复同意设立中国(杭州)跨境电子商务综合试验区以来,杭州积极探索,先行先试,跨境电商生态体系不断完善、产业发展势头强劲,以"六体系两平台"为核心的跨境电商杭州经验复制推广到全国。截至2018年年底,杭州累计实现跨境电商进出口总额达324.61亿美元、年均增长48.6%,13个跨境电商产业园区差异化发展,810家跨境电商平台类企业集聚杭州,总部位于杭州的跨境电商B2C平台交易额近1700亿元,杭州跨境电商活跃网店数量增加至15000家,杭州外贸实绩企业数量从8000家增加至12000家,杭州跨境电商领域直接创造近10万个工作岗位、间接带动上百万人就业。跨境电商正在成为杭州外贸稳增长的新动能、大众创业万众创新的新热土,推动杭州由中国电子商务之都迈向全球电子商务之都。

　　对外经济贸易大学国际商务研究中心联合阿里研究院发布的《中国跨境电商人才研究报告》数据显示,高达85.9%的企业认为跨境电子商务"严重存在"人才缺口。而各高等院校、培训机构对跨境电子商务人才培养标准不一,所使用的教材、培训资料参差不齐,也严重制约了跨境电子商务人才的培养。

　　为提升跨境电子商务人才的培养质量,开展多层次跨境电子商务人才培训,提高跨境电子商务研究水平,加快推进人才建设的战略部署,创建具有中国(杭州)跨境电子商务综试区特色的人才服务,浙江省教育厅、中国(杭州)跨境电子商务综合试验区建设领导小组办公室领导,协同浙江大学、浙江工商大学、杭州师范大学、浙江外国语学院、杭州师范大学钱江学院、浙江金融职业学院、浙江经济职业技术学院、浙江商业职业技术学院、阿里巴巴、亚马逊、Wish、谷歌、深圳海猫跨境电商科技有限公司、浙江鸟课网络科技有限公司、深圳科极达盛投资有限公司、杭州众智跨境电商人才港有限公司、浙江执御信息技术有限公司、杭州跨境电商协会联合编写"跨境电子商务新形态立体化教材"丛书。该丛书的出版发行,必将引起跨境电子商务行业的广泛关注,并将进一步推动我国跨境电子商务产业不断向前发展,也为广大跨境电子商务从业者、跨境电子商务科研工作者、跨境电子商务爱好者学习研究跨境电子商务提供了必要的参考用书。

"跨境电子商务新形态立体化教材"丛书的编写,是中国(杭州)跨境电子商务综合试验区的重要工作,也是浙江省教育工作服务浙江经济,培养创新人才的一项重要工程。教材编写整合了浙江省内外高校、知名企业、科研院所的专家资源,突出强调教材的国际化、网络化和立体化,使"跨境电子商务新形态立体化教材"丛书成为推进浙江省乃至全国教材改革的示范。

浙江省教育厅

中国(杭州)跨境电子商务综合试验区

中国(杭州)跨境电商人才联盟

浙江工商大学管理工程与电子商务学院

国家电子商务虚拟仿真实验教学中心

2019 年 1 月

目录

第二篇　跨境电商企业案例

第一篇

跨境电商平台案例

一　阿里巴巴国际站

数字化赋能中小企业高效精准出海

 **企业名片**

> 阿里巴巴国际站成立于1999年,是阿里巴巴集团的第一个业务板块,现已成为全球领先的跨境贸易B2B电子商务平台。商品已覆盖全球200余个国家和地区,注册会员超过1.5亿,每天询盘订单超过30万笔,产品类别超过5900个,辐射40余个行业,有超过1000万的活跃境外采购商。阿里巴巴国际站致力于以数字化融合技术与产品,重构跨境贸易全链路,精准匹配跨境贸易买卖双方业务需求,为其提供数字化营销、交易、金融及供应链服务。

"我不是药神,我是中国商人。"面对镜头,陆勇表明身份。被热门电影推上台前的陆勇,其实是阿里巴巴国际站的中国供应商。

"我是2001年跟阿里开始合作的,后来因病暂停。2009年身体基本恢复后我又重新跟阿里签约,成为阿里巴巴国际站的中国供应商。2013年春节期间,客人发了一封邮件给我们,后来又打电话给我,说有一个惊喜给我。客户要订1.3万双手套,要求4月空运到荷兰。我们通过网站、通过新闻才知道,这位客人采购的手套是4月30日荷兰国王登基时使用的。客人对我们产品的要求非常高,手套不能有破洞,洗涤以后横向纵向延展度都不能超过4%,这些我们当时都做到了。"陆勇回忆道,因为阿里巴巴国际站,他的企业从此踏上"数字丝路",强力"出海"。

阿里巴巴集团副总裁、阿里巴巴中小企业国际贸易事业部联席总经理余涌表示,成立了19年的阿里巴巴国际站,一直致力于中小企业跨境贸易的繁荣和成长。面对国际贸易风云变幻,阿里巴巴顺应跨境电商的趋势,利用数字化赋能外贸商家,帮助中小出口企业获得更多订单和降低成本。互联网的下半场,ABC(人工智能＋大数据＋云计算)会重构未来的商业模式。阿里致力于赋能中小企业数字化转型。

基于数字化，赋能企业精准营销获得商机

一笔普通的订单面临市场拓展、境外营销、语言交流、国际支付、备货融资、加工生产、跨境物流，以及与监管部门交互的关检汇税等复杂环节。中小企业面临着商机寻找困难、流通成本高、利用政策难、金融支撑获取难、信用屏障高的五大痛点。在2018年阿里巴巴国际站9月采购节上，线上支付的买家和交易订单数量均实现了大幅度增长。这样的结果正是"数字化出海"所带来的改变。

目前，阿里巴巴国际站已覆盖全球200多个国家和地区，以数字化流量帮助中小企业拓展更多境外市场。如将网站付费流量投放策略持续在拥有高质流量的欧洲、澳大利亚等发达地区实施，也向具有成本优势的东南亚和"一带一路"国家或地区倾斜。基于供应商的产品特点，国际站还提供了精准的流量和客户生命周期管理产品，帮助企业沉淀优质客户。

外贸买卖，双方存在跨语言沟通的问题，国际站可以通过多种多媒体工具和大数据应用，向平台所有供应商提供支持43种语言的实时翻译；并支持卖家将发布的商品翻译成16种语言，实现对商品、成交、物流和履约方式更精准清晰的表达，帮助中小企业高效地接触到买家并完成线上交易。

国际站提供了旨在解决外贸交易信任障碍的信保服务，通过对供应商基本信息和贸易交易额的数据分析，提供最高达100万美元的信用担保额度，有效促成了实际成交。同时，这项服务也为卖家建立了类似于淘宝星钻冠的信用体系，出口数据越大，卖家获得的担保金额就越大，诚信等级越高，获得订单的概率就更大。

"数字化赋能"的显著作用，便是通过数字化产品服务，利用大数据赋能，精准定向买家和卖家，匹配各自需求，开展个性化的数字化展会，从而帮助中小企业精准地吸引买家，获取商机。

通过大数据，提升买卖效率，构建新外贸

一个美国小买家，想买一些圣诞节用的帽子。他登录阿里巴巴国际站，通过平台大数据匹配，找到了适合自己的中国卖家。但是中国商家的报价实在是太便宜了，居然是3美元一个。此前，他买的都是12美元一个，会不会有风险？他在平台上看到了信保服务：赊销2万美元，下单不用付款。他下了单，以为少说也得几天才能到货。然而3小时后，他收到了这批帽子。

这是新外贸的一个案例。"这就是外贸的下一个阶段,时机到了。"阿里巴巴集团副总裁余涌这样说道。基于互联网大数据技术的升级,外贸链条将被重构。过去,一个美国小买家要从深圳罗湖区的一个工厂买圣诞帽至少需要 8 个环节,而今后他只需在一个平台上轻点一下鼠标即可。

阿里巴巴依靠其强大的互联网基础设施,正在构建外贸新的生态圈。余涌说,通过阿里巴巴的大数据匹配,买卖效率可以提升 300%～400%;交易出现问题,阿里巴巴包赔,这解决了信用问题;阿里巴巴还将与当地政府共建混合单一窗口,可将中小企业办证等所有流程一站式全办;还将对客户提供零物流服务,把货仓开到买家的身边。"今天畅想的模式就是'全球买'和'全球卖'。未来在大数据的配置模式下,我们将有新外贸和新机会。"余涌说。

作为国内全面覆盖"一带一路"沿线国家和地区的跨境贸易电商平台,阿里巴巴国际站率先开展跨境贸易的布局,帮助友邦完善交易、支付和物流等基础设施,同时,利用阿里大数据和人工智能等技术,打造出一条数字贸易通路,推动"一带一路"沿线国家和地区商业基础设施的"互联互通"。现已形成集在线交易保障体系、在线支付、全球物流、外贸综合服务为一体的数字化、智能化全流程解决方案。阿里国际海运已开通上海、宁波、深圳、大连、天津、青岛、厦门、广州八大起运港,实现对日本、韩国、美国、加拿大、澳大利亚、印度、巴基斯坦等国家,以及东南亚、欧地黑、中东、南美等地区航线的全覆盖。

伴随数字经济的发展,全球跨境贸易的智能化、数字化已势不可挡。根据中华人民共和国商务部数据,2015 年,跨境电商进出口贸易额占外贸进出口总额的比重大约为 17%,到 2020 年,中国跨境电商进出口贸易额将占外贸进出口总额的 40% 以上。"我们的目标是推动新外贸时代的到来。"余涌期许,阿里巴巴国际站也将秉持初心,用数字化技术帮助企业开创国际贸易新时代。

阿里巴巴
国际站网页

二 全球速卖通

引领中国好货畅通天下

 企业名片

全球速卖通为阿里巴巴旗下跨境出口 B2C(business to customer,企业对消费者)平台,2010 年成立,覆盖全球 220 多个国家和地区,主要交易市场为俄罗斯、美国、西班牙、法国等国,开通了支持世界 18 种语言的站点,境外成交买家数量突破 1.5 亿。22 个行业囊括日常消费类目,商品备受境外消费者欢迎。AliExpress(全球速卖通英文名)APP 境外装机量超过 6 亿次,入围全球应用榜单 TOP 10(前十位)。

全球速卖通(以下简称速卖通),是阿里巴巴旗下面向全球市场打造的在线交易平台。在国际上,它更广为人知的名字是 AliExpress,被买家、卖家称为国际版的"天猫"。继 2017 年 4 月买家数突破 1 亿大关后,速卖通在一年时间内新增 5000 万用户,累计用户已突破 1.5 亿,全球范围内每月访问速卖通的消费者超过 2 亿。

杭企之中,速卖通就赢在先人一步。当别人开始关注"一带一路"倡议时,速卖通已经远远地跑在了前面。速卖通是中国最大的跨境 B2C 出口平台,也是目前唯一面向全球市场的新外贸零售平台。他们充分利用先入优势,迅速赢得境外消费者的欢迎,成为许多境外消费者购买中国商品的首选电商平台。现在,"一带一路"沿线国家和地区的买家人数已经占到速卖通境外买家总数的一半左右。2017 年以色列平均每秒产生两笔网购订单,其中约一半的订单都产生在速卖通平台。

将国内新零售模式复制到境外,
速卖通创新驱动品牌"出海"模式

2019 年 2 月 19 日,全球速卖通与森马电商签署出海战略合作协议。自此,森马、美特斯邦威、佐丹奴、李宁、波司登等一批国货皆已牵手速卖通,一键卖向

全球 220 多个国家和地区。

在国货"出海"的大潮中,跨境电商平台往往扮演着驱动者的角色。过去,品牌"出海"往往要跨越物理空间,克服市场环境差异和文化差异带来的困难,才得以进入境外市场。跨境电商所带来的信息对称克服了差异性,为品牌兴起提供了新机遇。将境内新零售模式复制到境外就是速卖通为驱动品牌"出海"所提供的全新推广模式。

速卖通此前已有成功实践。2018 年天猫"双十一",速卖通在境外首次尝试线上线下融合,联合中国服装品牌佐丹奴为迪拜消费者提供"速卖通线上下单、当地线下店取货"的新零售体验。开卖当天,首位迪拜用户仅用 2 小时就拿到了自己买的"双十一"特制 T 恤。

速卖通不是一个简单帮助商家卖货的平台,而是期望连接商家与全世界消费者的平台。具体策略之一,便是通过加强与当地的社交资源的合作,帮助商家融入当地消费者的生活方式。速卖通通过大数据分析和个性化算法,帮助商家更精准地掌握境外消费者的画像和需求,为用户精准选品。对于品牌在境外遇到的支付、物流挑战,速卖通整合菜鸟、蚂蚁等阿里巴巴内部生态资源,用大数据、云计算等高科技手段赋能国外的商业基础设施,实现消费者在物流、支付和退换货服务等方面的体验升级。

深耕境外社交蓝海和"一带一路"新兴市场,速卖通从购物平台升级为生活平台

速卖通不只是货架,而应该是境外的消费者获得快乐,和朋友产生互动、产生交流的地方。在"一带一路"倡议引领下,速卖通在中东、东欧等"一带一路"新兴市场上发展势头良好。沙特、阿联酋、西班牙等"一带一路"新兴市场的交易量爆发式增长,其中,中东地区交易规模涨幅高达 252%。速卖通全球战略将围绕"新市场、新用户、更智能和更简单"这四个关键词,将购物平台升级为境外消费者的生活方式平台。围绕这个目标,速卖通将为境外消费者提供更加丰富和多元化的商品库,进一步提升跨境支付、物流和沟通体验,并深耕境外社交平台,为境外消费者提供更好的本地化服务。

据悉,速卖通已于 2018 年 8 月启动针对中东市场的"石油计划"。在物流上,发往中东的包裹物流时效提升显著,最快 7 天能送到当地消费者手中。同时,速卖通在沙特和阿联酋这两个中东重点国家加大了营销推广力度,深化了与当地网红、社交媒体及当地传统媒体的合作。

　　速卖通数据显示,在 2018 年的"828 大促"中,沙特、阿联酋、西班牙等新兴市场交易量增长迅速,中东地区交易规模涨幅高达 252％。有趣的是,一位沙特买家,在 8 月大促中一口气下单 132 件商品,涵盖家具、工具、杯具、灯饰、3C 电子、童装、玩具、泳装等十余个品类。

　　中东市场潜力巨大,也是速卖通未来重点发展的市场之一。因为中东当地供应链和生产能力比较薄弱,日用消费品都靠进口,再加上中东地区人口较多,平均收入高,速卖通上以沙特、阿联酋为代表的中东国家,平均客单量甚至高于美国,比欧洲国家也要高出 2～3 倍。

　　接下来,速卖通将快速拓展"一带一路"市场,继续深耕俄罗斯、西班牙,发力法国、荷兰、波兰等发达国家,突破土耳其等中东国家地区,帮助中国品牌"出海",助力中小企业开拓"网上丝绸之路",让"中国好货通天下"。

　　同时,速卖通从购物平台升级为生活平台,将从单一的购物搜索,发展到为消费者赋予更多的价值。速卖通将在 2019 新的财年中以用户为中心构建用户分层体系,根据不同的用户分层,提供不同结构的商品、不同的服务及不同的价格策略。在品牌方面,速卖通将针对卖家的客单价和订单转化率,为卖家强化和提升境外消费者对商家品牌的信任和好感度,在复杂的境外市场中为出海的品牌提供站内外资源的扶持。在销量流量方面,速卖通将构建内容营销阵地,打造网红任务平台。实际上,速卖通已经陆续在中东、波兰、法国等新兴市场布局社交营销。通过对接速卖通头部店铺和境外本土网红,头部店铺成交基本上"达到了百分之几百的增长,效果十分明显"。

全球速卖通
网址

三　网易考拉

线上线下"双箭"齐发，打造"网红"店他们"有一套"

 **企业名片**

> 　　网易考拉成立于2015年初，是网易旗下以跨境业务为主的综合型电商平台，为中国消费者提供涵盖美容彩妆、母婴儿童、营养保健、数码家电、环球美食等众多品类的海量高品质商品。平台以自营直采模式为核心，在美国、德国、法国、澳大利亚、日本、韩国等多个国家及中国香港、中国台湾等地区设有分公司和办事机构，由专业采购团队深入商品原产地，并与全球众多一线品牌和优质供货商建立深度合作关系。

　　"未来十年乃至更长，中国依然会是全世界最好的市场。"网易CEO丁磊在首届中国国际进口博览会（以下简称进博会）上说。在他看来，中国目前还处于消费升级的前期，中国的内需还远未被充分释放。

　　为了不错过近14亿人的需求，网易考拉在进博会上与超过110家企业完成了累计近200亿元人民币的商品采购协议。网易考拉CEO张蕾表示，此次完成的巨额采购订单，仅仅是平台未来200亿美元全球直采计划的一部分，网易考拉将帮助更多的境外优质品牌方加快进入中国市场的步伐。"无论是在采购规模还是采购金额上，网易考拉都位居各大电商平台前列。其中既包含了母婴、美妆、保健品等平台热销商品的补充采购，也包含家居、个护等潜力品类的新品采购。"

乘着东风开启"全球扫货"模式

　　乘着首届中国国际进口博览会的东风，杭州跨境电商企业纷纷放开"钱包"，开启"全球扫货"模式。仅在进博会当天，网易考拉就先后与a2、澳佳宝、达能、易买得超市、健合集团、雀巢、澳葆、赛诺菲等近10家代表性国际知名品牌和集团签订战略升级协议。

作为一家以自营为主的跨境电商平台，网易考拉深知正品保障的重要性，而与品牌方的直接合作无疑是最好的解决方案之一。据介绍，自 2015 年初成立起，网易考拉就将建立全球高等级供应链视为核心布局之一，经过近 4 年的发展，网易考拉已先后与全球千余家顶级品牌商和供货商建立了深度合作关系。2018 年上半年，网易考拉先后与近 50 家全球知名品牌或集团签订了战略合作协议，推动与品牌方在商品采购、商品开发、品牌推广等各方面的合作。

网易考拉还致力于通过一站式的服务保障，减少全球品牌进入中国市场时的风险和担忧。"对于境外品牌方而言，除了大批量的直接采购外，网易考拉还提供了行业最优的付款条件，减轻了品牌方的成本负担。此外，我们与国际物流巨头的深度合作，在中国保税区的领先仓储布局，为境外品牌提供了值得信赖的仓储物流服务，以及更优秀的消费者体验。"张蕾介绍，网易考拉背后的网易集团资源优势和媒介优势，也为境外品牌在中国市场的品牌推广提供了最好的助力。因此，网易考拉在多个场合都被境外品牌方誉为"全球品牌在华最佳合伙人"。

此前，境内消费者从主要购买进口奶粉、纸尿裤、免税店奢侈品和高端美妆品牌，已经开始拓展到更多日用品类与高性价比的平价品牌，例如平价护肤品、个人护理、日常保健商品、进口食品、小家电等，极大改善了境内消费者的日常生活品质，同时带动了境外小众特色品牌的快速发展。"因此，境外品牌商迫切需要抓住这一机遇，在中国跨境电商市场寻找强有力的合作伙伴，通过更积极的中国市场策略，改写品牌在全球的竞争格局。"

作为网易考拉业务的操盘手，张蕾表示，中国跨境电商市场正迎来"黄金窗口期"。"未来 2～3 年跨境进口贸易将帮助品牌打破原有行业垄断，重新建立各分类品牌在消费者心目中的排名。消费者对于跨境进口品牌的选择偏好将会发生变化，跨境平台的品质选品和价格优势将成为消费升级、品质消费的风向标。"

未来，网易考拉将在 2018 年 104 万平方米保税区仓储面积的基础上，将保税区仓储面积扩大至 180 万平方米以上，继续夯实境内跨境电商行业保税仓仓储面积第一的位置；网易考拉还将进一步提高跨境物流配送的时效性和精确性，预计次日达服务将覆盖全国 70%以上的地区。

顺势而为加码线下零售

在艾媒咨询发布的《2018 上半年中国跨境电商行业监测报告》中，网易考拉以 26.2%的市场份额第六次蝉联跨境电商进口市场份额第一，与天猫国际、京东全球购组成了中国跨境电商第一梯队。不过，消费升级的红利不会独宠跨境电商,相比于近乎板结的电商行业,线下零售逐渐成为新的蓝海。

于是在无数电商平台进军线下时,网易考拉也顺势而为。2019年伊始,网易考拉在杭州湖滨银泰 in77 开设了首家线下旗舰店,距离西湖只有 300 米的路程。其实早在 2018 年 12 月,网易严选的首家线下店已经落户西子湖畔,坐落于同属湖滨商圈的解百购物广场。如果算上以网易味央猪肉作为主料的"猪爸餐厅"和网易考拉 2018 年在杭州大厦开设的首家线下店,丁磊已经在西湖边上制造了四处"网红"店。

网易考拉在湖滨银泰的旗舰店开辟了儿童游乐区、电子屏互动区、美妆体验区、数码试用区等传统零售店中不可能出现的场景体验区域;网易严选的首家线下店,也将近 1/2 的空间留给了场景体验……其实不管是网易考拉还是网易严选,某种程度上都可以将其归类为"生活电商",相比于以销售为主的电商平台,网易线下店吸引用户的恰恰是网易范儿的生活方式。张雷表示,"在实际的零售场景中,将优质商品和生活理念融为一体,才更贴合顾客边逛边看的习惯"。

值得注意的是,网易考拉在旗舰店中结合用户大数据精选了 3000 多个 SKU,并打通线上线下会员体系,甚至将"种草社区"搬到了线下。"做这些都是为了帮助线下消费者降低决策成本,进而提升消费便利性和店铺运营效率。"

与之对应的是,网易考拉宣称要在 2019 年开设 15 家线下店,并将在自营店之外推出线下加盟模式;网易严选也释放出了开设更多线下店的计划,相继和亚朵、文轩 BOOKS、屈臣氏等跨界合作。"进口+工厂"的双轮驱动模式或将被网易考拉复制到线下零售。

网易考拉
网址

四　亚马逊全球开店

助力数十万中国卖家开拓全球市场

 **企业名片**

> 亚马逊全球开店致力于帮助中国卖家发展出口业务,拓展全球机会,打造国际品牌。自2012年进入中国,亚马逊全球开店已帮助数十万中国卖家成功上线亚马逊全球站点。

亚马逊全球开店于2012年进入中国,见证了中国跨境电商出口行业的蓬勃发展,通过物流、金融、运营、技术、人才培训等各类服务资源的整合,帮助制造商、贸易商、品牌商在更完善的产业环境中转型升级并打造国际品牌。

推出亚马逊"制造+""服务+""品牌+"等项目

中国跨境出口电商已经跨越粗放型发展阶段,进入新的快速发展窗口期,中国企业对品质、品牌及合规重要性的认知有了普遍提升。为有效服务中国卖家,亚马逊全球开店推出一系列项目助力中国卖家成功布局境外市场。

2016年9月,亚马逊全球开店在中国宣布推出"制造+"项目。亚马逊全球开店"制造+"项目由亚马逊为制造企业量身打造的活动本地服务团队为企业提供全方位服务和运营支持,包括制造商运营实践分享和培训、企业ERP系统与亚马逊系统对接所需的技术咨询、国际运输物流解决方案、仓储规划及支付解决方案推荐等。借助亚马逊提供的全方位专业服务,制造企业可以直接面对消费者,获得一手反馈,帮助企业设计和制造更以客户为中心、更符合市场导向的产品。与此同时,亚马逊还提供品牌推广和品牌保护工具,帮助中国制造企业在全球打造自有品牌,实现"中国制造"到"国际品牌"的全面升级。

2018年5月,亚马逊全球开店宣布在中国推出"服务+"计划,依托亚马逊全球资源及先进运营经验,为中国企业量身打造全阶段、可信赖、高效能的官方服务。服务面向跨境电商业务入门、起步和成长等各个阶段的卖家,旨在帮助卖家跨境出口电商事业轻松起步,加速发展。目前,"服务＋"计划推出了卖家教育服务和账户管理服务两大服务版块,包含四大重点服务项目:官方讲堂、专属客户经理服务、启航计划服务,以及跨境电商管理咨询服务。以上项目全部由亚马逊官方提供。

2018年12月,亚马逊全球开店在中国发布了"品牌＋"项目。"品牌＋"项目支持有意布局和深耕境外市场的新兴品牌,希望转型升级并打造自有品牌的制造型企业,以及有意愿拓展境外市场的中国知名品牌。从品牌的定位、注册和保护,到品牌知名度的推广、培育忠实客户等,一系列解决方案覆盖了品牌打造全周期,"品牌＋"项目囊括了亚马逊全球诸多品牌打造的创新产品与工具。其中,亚马逊品牌注册(Amazon Brand Registry)可以帮助卖家在亚马逊上保护其知识产权和对品牌进行管控,保护企业的品牌权益并提供可信赖的消费体验;亚马逊透明计划(Transparency Program)是为品牌商和消费者提供的一项新服务,它会对每一件商品进行代码追踪,保护品牌商和消费者免受假货侵害;亚马逊广告(Amazon Advertising)通过搜索广告、展示广告、视频广告、品牌旗舰店、效果评估等多种方式帮助卖家达到提升品牌知名度、精准触达目标受众并累积用户等目的。

全国布局跨境电商园

2018年6月,亚马逊全球开店发布的《亚马逊全球开店中国出口电商城市发展趋势报告》显示,中国卖家跨境出口态势呈现区域性差异,发展路径与未来机遇各有不同。珠三角地区相对领先,成熟的传统外贸基础为跨境出口电商转型发展奠定了良好的基础。长三角地区正成为中国跨境出口电商后起之秀,与珠三角地区卖家形成了品类互补的态势,是兼具活力与国际化的城市集群,地区协同发展效应明显。此外,以福建为主体的海西经济区蕴含优厚发展潜力。

基于以上市场分析,亚马逊全球开店分别在2017年10月、2018年5月、2018年8月,布局了亚马逊全球开店杭州跨境电商园、厦门跨境电商园、宁波跨境电商园。

以"杭州跨境电商园"为例。作为长三角区域的代表性城市,杭州走在跨境电商产业发展的前列,领跑"潜力竞争力"。近几年杭州地区卖家活跃,也表现出较强的品牌注册意识,电商出口保持着较高增速。此外,杭州还兼具企业活力与人才活力优势。

亚马逊全球开店表示通过与政府、出口服务商共建园区,在杭州打造其在境内完整共融的产业服务集群,为杭州及周边地区企业提供一站式增强型出口服务,推动该地区跨境电商全产业链的发展。

在杭州跨境电商园内,亚马逊全球开店邀请了优质出口服务商共同入驻,提供从翻译、物流、报关到税务及代运营等全方位服务,简化并加速亚马逊境外站点上线流程,为期望通过跨境电商"走出去"的优秀制造企业、品牌商及中小企业量身提供一站式服务。

加速卖家全球布局

亚马逊全球开店正不断为卖家开放更多的亚马逊国际站点,帮助卖家触达来自更多国家与地区的亚马逊全球客户群体。

2018年12月,亚马逊全球开店宣布为中国卖家新增两大境外站点——亚马逊印度站点(https://www.amazon.in)以及亚马逊中东站点(https://uqe.souq.com),为其布局全球提供新机遇。

快速发展中的印度电商市场将为中国卖家带来巨大商机。2018年"黑五"及网购星期一购物季期间,亚马逊印度站成为印度访问量和交易量最大的购物网站。根据专业数据研究公司APP Annie的统计,亚马逊印度移动购物客户端成为2017年印度移动端下载量最大的APP。2018年印度线上购物人数预计将超过1.2亿,到2025年预计将达到2.2亿。

亚马逊中东站点的月访问量超过7000千万人次,为消费者提供21个不同品类的近千万商品。BMI Research的数据显示,中东地区的电商交易规模,将从2018年的269亿美元,增长到2022年的486亿美元,预计2020年的交易规模将比2018年增长81%。这一新兴市场所蕴含的发展潜力将成为中国卖家拓展全球市场的新蓝海。目前,中国卖家可以登录亚马逊中东站的阿联酋和沙特阿拉伯站点,开展跨境电商出口业务。

亚马逊在全球拥有18个站点,并支持27种语言。目前亚马逊12大境外站点向中国卖家全面开放。中国卖家可将商品销售给亚马逊全球超过3亿的活跃用户,以及亚马逊美国、欧洲和日本的商业采购客户。亚马逊遍布全球的175个运营中心可帮助中国卖家将产品销往世界185个国家和地区。

亚马逊全球
开店网址

五 天猫国际

全 球 精 选 赋 能 理 想 生 活

 企业名片

2014年2月19日阿里巴巴集团宣布天猫国际正式上线,为境内消费者直供境外原装进口商品。天猫国际为全球品牌提供了进入中国市场的跳板,阿里巴巴在中国的领先地位和声誉让天猫国际成为中国买家信任的平台。

随着中国经济的发展与消费水平的升级,很多境外商品对境内消费者有着很大的吸引力,人们希望以更低的价格购买到境外更优质的商品,传统的"海淘"已不能满足人们日益增长的对进口商品消费需求。与此同时,互联网技术在国际贸易中广泛应用,催生了进口电商的发展。

充分运用保税进口模式

天猫国际主要有两种物流模式——保税进口及境外直邮。

境外直邮是商家收到订单后,直接从境外通过快递发货、清关、入境配送的消费形式。跨境电商"保税进口"模式是指电商企业根据大数据分析提前将热卖商品批量运入自贸区、保税区、保税仓库等海关特殊监管区域,发挥这些特殊监管区域的"保税功能"与"物流分拨"功能,再根据境内消费者网络订单情况,将相应商品从境内这些特殊监管区域交由物流企业直接配送至境内收货人的进口模式。

依托菜鸟保税仓,充分运用保税进口模式,天猫国际进口商品以个人物品清关,不需要像传统进口商品那样经过烦琐的检验检疫程序,只需要缴纳较低的行邮税便可通关,大大缩短了消费者下单后的等待时间,与境内网购流程相似。

天猫国际帮助境外商品前置到目的国(地区),更为客户提供了阿里经济体的一系列数字化供应链便利。天猫国际、菜鸟可以与境外品牌、商家一起制定精细的生意计划,帮助商家合理备货,提高生产、销售、物流等全链路的供应链效率,从而提高商家售罄率,减少商品滞销、报废的数量,降低成本。

此外,菜鸟保税网络还可以提供优质的"仓关干配"一体化解决方案,帮助商家节省大量自己维护物流链路的人力、物力和经济成本。根据保税要求,保税仓可以对商品的来源、品质、有效期等进行全链路把控,从而保障消费者体验。

数据显示,截至 2018 年第四季度,菜鸟保税仓已达到 34 个,遍布各主要港口,为大批中国城市提供当日达、次日达服务。菜鸟进口保税仓规模超过 100 万平方米,居全国之首。目前,天猫国际可以为全国大量城市提供当日达、次日达服务,购买进口商品就像本地购物一样方便。

全球品牌"吸铁石"

天猫国际已成全球品牌的"吸铁石",数据显示,2018 年,天猫国际的境外品牌入驻数同比增长 122%。过去 4 年,天猫国际引进了 75 个国家和地区的 3900 个品类近 19000 个境外品牌进入中国市场,其中八成以上的境外品牌是首次入华。

日本品牌 ReFa 第一次在中国参加"双十一"活动时,在没有预热的情况下,卖了 1000 多万元,相当于其代理商过去一年的销售额。ReFa2018 年在中国市场的销售额是 3 年前的 8 倍,成为境内消费者追随的"美容神器"品牌,甚至促成了 2018 年该公司在日本的上市。

2018 年天猫"双十一"前夕,中国在上海成功举办了首届中国国际进口博览会。阿里巴巴集团在进博会期间正式向全世界宣布,未来五年,阿里巴巴集团大进口将完成 2000 亿美元的目标,覆盖全球 120 多个国家和地区的重点产业带,包括天猫、天猫国际、盒马、银泰、大润发、云象等阿里大进口多个业务板块的全球重点合作伙伴。进博会前后,包括加拿大 Hatley 在内的 30 多家全球品牌赶场般地与天猫国际签约并入驻。

中国市场继续开放,跨境进口电商政策持续稳定,全球品牌将继续加大对中国市场的投入。天猫国际不仅成为全球品牌进入中国的快车道,也为它们提供了立足中国、赢在全球的巨大机会。

政策红利下的新布局

2019 年 1 月 1 日,跨境电商进口零售新政实施。依据规定,对跨境电商零售进口商品不执行首次进口许可批件、注册或备案要求,而按个人自用进境物品监管。政策适用范围从之前的杭州等 15 个城市,扩大到北京、沈阳、南京、武汉、西安、厦门等 22 个新设跨境电商综合试验区的城市，总试点城市达到 37 个，将跨境电商业务推向全国。

新政还在跨境电商零售进口清单内商品实行限额内零关税、进口环节增值税和消费税按法定应纳税额 70% 征收的基础上，进一步扩大享受优惠政策的商品范围，新增群众需求量大的 63 个税目商品，消费者可以买到更多心仪的境外商品。

丰富了商品类目，个人消费额度也相应提升，新规实行后，享受税收优惠政策的商品限额上限，将单次交易限值由目前的 2000 元提高至 5000 元，将年度交易限值由目前的每人每年 20000 元提高至 26000 元，今后还将随居民收入水平的提高而相应调增。

为配合支撑新政实施落地，2018 年 12 月 28 日，天猫国际对外公布了新年发展计划：布局新增试点城市，在原先 100 万平方米保税仓基础上继续扩展，3 年内达到 20 个保税仓及 10 个境外仓，以支撑境外 6 大采购中心的商品输出。

随着新政跨境正面清单商品的新增，天猫国际还推出"双百计划"：2019 年加强与宝洁、联合利华、强生等境外大集团品牌的合作；将跨境商品类数扩充至 100 万种以上，全面满足中国消费者的购物需求。天猫国际会继续在商品品质、物流服务方面重点提效，以提升消费者体验。

天猫国际网址链接

六　云集

社交电商玩转跨境,成就进口电商增速第一

 **企业名片**

> 云集是一家由社交驱动的精品会员电商,为会员提供美妆个护、手机数码、母婴玩具、水果生鲜等全品类精选商品。在云集,可以一站购齐80%的日常家用产品,件件都是批发价。目前拥有4500多万普通用户和700万付费会员,单日销售额最高超过8.7亿元人民币。

在阿里、网易、京东等电商巨头初步划定进口电商格局后,进口电商板块还有突破口吗?答案是肯定的。

社交电商云集探索了一条新路径——借助基于个体信任的社交渠道,将跨境商品快速分销至三四五线城市乃至农村地区,以此实现跨境商品的渠道下沉。2016—2018年,云集跨境业务年复合增长率255%,在亿元跨境电商平台中增速第一。2018年,云集跨境仅用5个月时间突破2017年全年销售额11.6亿元;2018年"双十一",云集跨境单日交易额1.36亿元,跨境单日最高订单量90万单。云集在全国共有10个保税自营仓,1家香港直邮仓。目前云集跨境交易额在杭州排名第三,在全国排名前十。相对于传统电商巨头的数字,云集的数字或许并不显眼。但对于成立三年的云集来说,复合增长率255%,亿元跨境电商平台增速第一更加凸显了社交电商的巨大爆发力。

在流量见顶、营销成本倍增的当下,云集,让人拭目以待。

深耕三四线城市社交电商
与跨境业务产生化学反应

云集于2015年5月正式上线,通过云端资源的共享,提供商品、物流、IT、培训、售后等服务,2016年1月,云集正式启动跨境业务。

不同于传统电商模式,社交电商基于个体信任,通过社交关系链实现商品信息的传递和交易的达成。因此,社交电商在渠道深度和信息传播广度方面有天然优势,可以为跨境商品的流通提供绝佳的渠道。

跨境商品是从境外直接进口,其包装都是原销售地文字,在无人指导和推广的情况下,跨境进口商品的快速深度分销是非常困难的,这也是跨境商品传统销售渠道的消费者主要集中在一二线城市的原因。

云集瞄准的正是处于"空档期"的三四线城市市场。据云集方面介绍,云集拥有 700 万付费会员,4500 多万普通会员,超过半数的用户来自三四五线等城市,这些用户存在相当大的待开发消费能力及迫切需要升级的消费需求。

目前云集在全国 34 个省(区、市)、1600 个县都有店主分布,这样的分布既扩大了商品信息传播的广度,也增加了商品信息传递的深度,让物美价廉、体验感好的跨境商品可以快速分销到三四五线城市甚至农村。

以泰国乳胶枕为例,云集目前已经成为进口品牌——泰国乳胶枕网络销售的主要渠道,单日销售量可达 2 万个,金额 800 多万元。韩国 JM 面膜在云集平台一天售出 22 万单,单日销售额超过 3600 万元。达能系奶粉(爱他美＋牛栏)也曾创造出一天销售 5 万单的业绩,单日销售额超过 1600 万元。

溯源码加持、品牌站台、货源地直播,
为跨境商品品质上多重"保险"

对体系庞杂的跨境电商来说,"假货"是绕不开的话题。2018 年,云集特别注重商品品质的提升。

首先,云集从市场准入标准着手,对跨境商品供应商资质和商品入库资质进行更为严格的审核,针对产品的品牌方、全程链路、授权书、质检报告进行更细致的考察,深度挖掘更强大的供应链,并且为确保对商品的 100％把控,云集将在商品上设置海关溯源二维码,在 APP 上就能完成跨境商品的全程追踪。

同时,云集还通过品牌方站台、货源地直播、跨境物流视频的方式强化品牌方与消费者的联系,提升用户体验,让跨境购物更便捷。云集特别推出的全球直播项目——全球品质溯源之旅,将通过带店主出海,在境外工厂现场直播商品货源,验证商品品质。

云集计划组织的 38 场全球溯源之旅中,境外有 20 场,共开放 300 多个店主名额,让云集店主一起走进日本资生堂、DHC,韩国美迪惠尔、LG,澳大利亚 Eaoron、Pure Paw Paw 等人气品牌方、工厂、原产地,真正了解云集平台的优质商品。

除了保证更优的品质,云集也致力于提供更多的商品,满足消费者多元的跨境购物需求。接下来,云集将引入更多的境外优秀品牌,开拓更多的境外直采,打通欧美、澳新、日韩等供应链,将更多更优秀的商品以更低的价格送到消费者手中,实现一店在手,买卖全球无忧。

升级仓储物流模式、成立云集境外物流团队,
成立专门云集境外买手团队,加快跨境供应链体系升级

为了加速跨境电商业务发展,云集于2018年全面启动跨境供应链整体升级方案,主要分成三步走:第一步,升级云集仓储物流模式,通过自主境外报关等手段提高国际物流时效,为广大消费者节省更多国际物流成本;第二步,成立云集境外物流团队,通过设置境外仓等手段完善云集境外物流体系,进一步掌握跨境进口商品的主动权,为广大消费者严格把控商品品质,目前云集已在美国等国家设置境外直邮仓库;第三步,成立专门的云集境外买手团队,将采购触角推向更前端,在全球更广泛的国家和地区精选优质商品的同时,建立消费者与境外品牌方最直接的连接,目前云集已与达能、雀巢、Swisse、澳佳宝等品牌方达成战略合作。云集升级跨境供应链能够解决消费者对跨境商品物流时间长、供应商赚差价、品质无保障等痛点,让消费者更加"省时省钱省心",购买跨境商品也能享受"批发价"。

云集官网
链接

七　浙江执御信息技术有限公司

扎根中东市场,业绩三倍以上增长

 企业名片

> 执御成立于 2012 年 12 月,全球总部位于浙江杭州,并在中国深圳、广州、香港,美国硅谷,沙特利雅得,阿联酋迪拜,约旦等地设有分支机构。公司旗下的 Jollychic 电商平台近 5 年的电商交易额(gross merchandise volume)持续保持每年 3 倍以上的高速增长,至 2017 年年底,累计注册用户数超 3500 万,是中东地区知名度最高、综合排名第一的移动电商品牌。

在深度融入全球化的过程中,越来越多的企业搭乘着"一带一路"的快车走向世界。作为杭州跨境电商掘金"一带一路"的开路先锋,执御抓住了新兴市场移动红利与中国对外贸易线上转型的双重机遇,成立短短几年来维持着高速增长及稳定的盈利能力,旗下的"Jollychic"APP 已经成为中东排名第一的移动电商平台,产品销往"一带一路"沿线 34 个国家和地区,覆盖了 9 种语言。

本土化发展策略

世界这么大,为什么执御偏偏执着于中东市场呢?首先中东主要国家的互联网渗透率高,具备电商发展的基本条件;另外,该地区产业结构单一也给执御带来了更多的机会;同时,中东市场人均可支配收入相对较高,而线下消费选择匮乏,网购能为家庭消费提供较大便利性。

尽管潜力巨大,然而想在中东市场这块热土上发展也没有想象中那么简单,除去文化与语言的障碍,还有物流和支付的瓶颈。比如,沙特普通居民的房屋很多没有门牌号以致地址不清;如果家里没有男性,女性不会为其他男性开门等。另外,中东地区电商业务主要的支付方式还是货到付款(COD, to cash on delivery),熟悉电商的人都知道 COD 带来的一系列问题:现金管理成本高,结算周期长,拒收率高等。

如果把境内企业的推广方式照搬到中东市场,肯定是行不通的,因此,在了解中东的习俗、文化、风土人情的情况下,执御提出了本土化的发展策略,在产品设计、营销、服务上都尽可能地实现本土化。

执御自主研发的"数据大脑"已获得 21 项拥有完整自主知识产权的国际专利,通过大数据、云计算能够做到用户群体的极致细分,精准定位。"数据大脑"每天抓取世界各地的流行趋势进行分析,如接下来流行的袖口样子、领口款式、花形颜色。在 Jollychic 上,中东的消费者不仅可以买到潮流款式,也可以找到具有本地传统特色的袍子与饰品。

在品牌推广的本地化上,执御也利用了当地有影响力的网红,在社交网站投入大量精力和资源,通过自制视频、视听文本等形式,针对"一带一路"国家或地区的文化特性和当地的传统风俗习惯,在 YouTube、Facebook、Twitter、Instagram 等社交平台上发布潮流资讯和相关线上活动,增强消费者对公司品牌和产品的认同感。

执御立足于杭州,也在香港设有分支机构,同时在沙特阿拉伯设有一个综合运营中心和境外仓基地,在迪拜设有营销中心,在约旦设有呼叫中心,在美国硅谷设有研发中心,境外员工超过了 1000 人。据了解,执御已建成海湾地区最大的单体境外仓,单仓超过了 10 万平方米,全年理单量超过 7000 万单,全年吞吐量约 4 亿件。境外仓的建成为当地客户提供了更丰富的产品选择,更优惠的价格,更快的配送服务,形成执御在中东本地化战略的闭环,进一步推动企业的发展。

输出中国制造

以时尚女装为突破口,凭借高品质产品与良好的本地化服务,Jollychic 很快在中东地区打开了市场并站稳了脚跟。在取得成功后,执御又将目标逐步扩张到了男装、鞋包、配饰、家居、母婴童玩、美体护肤与 3C 电子、智能产品等品类,满足用户各方面需求,向全品类平台发展。

凭借平台优势,执御实现了数千家中小制造企业的出海愿景,将中国制造和中国品牌展现给全球消费者,改变了以往贴牌生产低利润的劣势,实现了产品附加值的提升,更是为我国创造了大量的就业机会,带动了我国经济的发展。

截至 2017 年年末,执御已有 5000 多家供应商,协助包括华为、海尔、富安娜、森马、康佳等在内的知名品牌出海中东区域,促进了六加美妆、朱尔(女包)、星原等近百个品牌的境外成长。依托互联网创新,执御力求输出中国民族品牌、设计和产品,更好地参与国际竞争。

2018 年 9 月 29 日,在杭州举行的"一带一路"品牌出海 2018 供应商大会上,浙江执御联合创始人、执行总裁丁伟发布助力中国品牌出海升级计划——"质御中东 100+",提出到 2020 年,通过旗下移动电商平台,与国内百家优质制造型企业深度合作,协助百家中国品牌出海,形成中国品牌在"一带一路"国家和地区,特别是在中东地区的影响力。

版图扩张

执御意识到末端派送对于电商业务下沉的战略意义,而且进行了积极的尝试。2017 年 9 月,执御参与了中国 O2O(online to offline,线上到线下)同城配送服务商风先生的 C 轮融资,支持风先生在沙特搭建末端配送体系,此为执御在末端物流的第一个布局。将中国的模式直接复制到中东的做法,目前还有待验证。

全球电商市场早已经摆脱了地域限制,各国的电商企业都在寻找境外拓展的机会,执御也不例外。在中东的布局中,执御已经领先了其他电商企业,因此有资本有条件以收购的形式进行版图扩张。

基于成熟的商业模式、雄厚的技术基础、企业全球化发展的视野和愿景,2017 年年底,执御完成了对中东本土电商 MarkaVIP 的收购。该公司成立于 2010 年 11 月,总部位于约旦。2012 年时,MarkaVIP 曾获得 1000 万美元融资,执御收购后,MarkaVIP 仍然保留独立品牌运营。

2018 年执御"双向出击",进一步扩大中东电商市场份额。与定位于大众消费群体、价格维度和品类维度都相对较宽 Jollychic 不同的是,执御收购后的 MarkaVIP 通过用户分层和引导,服务于中高端消费群体。

到 2020 年,执御希望服务"一带一路"沿线国家和地区的 46 亿人口。

浙江执御信息技术有限公司官网链接

八　杭州嘉云数据科技有限公司

人工智能驱动下的轻平台模式

 **企业名片**

> 杭州嘉云数据科技有限公司成立于2014年,是将大数据和人工智能技术应用在跨境电商领域的领先企业。公司旗下产品跨境B2C购物平台Club Factory,为数百万供应商和卖家提供服务,在29个国家和地区开展业务,主要包括中东、东南亚、南亚等国家和地区。它在全球积累了7000多万用户,其中4000万用户来自印度,在印度电商市场排名前三,日出货量达20吨。

毕业于美国斯坦福商学院的李嘉伦把创业的起点放在杭州,2014年创办杭州嘉云数据科技有限公司(以下简称嘉云),2016年,C端产品Club Factory正式在境外上线,致力于为用户提供物美价廉且潮流、实用的商品,并提供快而省的国际物流服务,2018年完成1亿美元C轮融资,登上了杭州跨境电商准独角兽榜单。

由服务B端出口卖家的大数据工具转型

从公司名字中可以看出,嘉云主打的是科技牌。公司始于斯坦福大学创业团队,核心技术团队由有Facebook、阿里、网易等公司背景,且具有斯坦福、卡内基梅隆、浙大等院校计算机专业背景的成员组成。

嘉云成立后最初的主打产品是"爆款易",这是一款针对出口跨境电商B端客户的第三方大数据分析工具,通过对eBay、亚马逊、速卖通、Wish等网站的数据抓取,获得服饰、家居等非标商品的销量、进价和售价。B端卖家可以很直观地看到一款商品的受欢迎程度和利润空间,了解到哪些是潜在的爆款,从而进行选品和定价,同时,爆款易还为用户对接到批发平台进行采购,实现一件代发。

电商的迅速崛起使得网络渠道能够深刻洞察消费者的不同需求,从而驱动制造端产品生产和智能化制造。成长于电商之都,背靠中小制造企业云集的浙江,嘉云抓住了这一趋势,基于近一年做工具积累的几十万的商家资源和大量的境外市场分析数据,由服务 B 端出口电商卖家的大数据工具转型为数据驱动的 to C 跨境电商平台,2016 年,C 端产品 Club Factory 正式在境外上线。

数据化驱动： 人货匹配的图谱系统

跨境电商发展经历了几个阶段,现在面临新的历史机遇,就是和技术创新结合,这也是 Club Factory 在坚持的一条路。技术能解决一个问题,就是如何能够在卖出海量商品的同时,保证自营服务的标准,如果这两件事情解决了,在跨境行业里面一定会出现一个像阿里巴巴或者像京东一样的企业。

通过数据化驱动的方式,嘉云为制造企业和电商卖家提供由消费需求驱动的人工智能管理解决方案。

这套专业的解决方案也即人货匹配的图谱系统。这套系统将用户端消费行为数据、供应商数据,以及库存、供应链和物流数据进行结构化的分析建模,有效将商品缺货率控制在了 1% 以下。Club Factory 平台依靠人工智能技术动态收录全世界所有商品信息,知道每一件商品每时每刻在全世界所有卖家的价格及销量,兼顾价格、质量、服务、运输等要素,智能选择最优的供应商,从而自动锁定全球最受欢迎商品。

目前,Club Factory 通过"供应链大脑",管理在线 SKU(库存量单位)数量已经超过了 2000 万种,赋能 100 多万供应商。这个全产业链的自控,就来源于 Club Factory 对于供应链大脑技术的迭代。

通过技术的创新和突破,Club Factory 取得了不俗的行业成绩。目前已成为印度第三大电商,仅次于亚马逊和沃尔玛,超过了 Snapdeal、Patym Mall 等印度本土电商。Club Factory 在 2018 年 5 月进入以沙特和阿联酋为代表的中东市场,一段时间内在上述国家购物 APP 下载中排名前三。短时间内能取得如此突破和进展,也得益于平台在供应链上技术的积累及应用。

轻平台模式： 专注产品质量及客户服务

Club Factory 走的是较轻的平台模式,上游对接中小型厂家、批发商,下游直接由专门的客服对接客户,平台统一提供定价、客服、境外物流等服务。平台不提前备货,用户下单之后,由国内供应商发货到仓,平台负责质检并打包发送到境外,然后在境外由当地物流公司配送。

"轻平台"的模式使 Club Factory 不会有库存压力，也使 Club Factory 能够更专注于产品质量及客户服务，也是 Club Factory 最大的亮点所在。

在发展模式上，Club Factory 注重与供应链上下游的协同，Nike、Adidas、P&G、Sonic 等大牌公司商品，中外运、DHL、顺丰等跨境物流，Delhivery、SMSA Express、Xpressbee 等当地物流企业，以及 ICICI、Paytm、Freechange 等金融支付企业均是其合作伙伴。

在 Club Factory 众多的国家市场中，印度市场可以称得上最为成功，这离不开嘉云一贯坚持的本土化策略。

Club Factory 2017 年在印度成立了当地公司，致力于提高效率，根据消费者反馈，持续改进消费者体验。Club Factory 是首批在印度提供无门槛免费送货的电商平台，与 5 家印度本土最大的物流公司合作，派送范围达到印度 26000 个服务邮政区域，将平均物流时长缩短到一周；与此同时，不断使用技术来完善模型和算法，以进一步缩短物流时长。此外，平台还为印度客户提供货到付款服务，这是目前许多跨境电商平台还未能提供的服务。

平台通过与印度 500 多个合作伙伴合作，提供一周七天全天候的本地化在线和电话客户服务。为提供更好的购物体验，还提供上门取货的退换货服务。另外，Club Factory 加强品牌推广，通过与宝莱坞巨星和世界小姐的合作增强 Club Factory 与消费者之间的共鸣，加强品牌的核心属性，把握了年轻消费者对时尚潮流和高性价比产品的需求。

杭州嘉云数据科技有限公司官网

九 贝店

同比增长 1837.3%：论社交电商"黑马"是如何炼成的？

 **企业名片**

贝店创立于 2017 年 8 月，是贝贝集团旗下的社交电商平台，专注于家庭消费，为用户提供居家、服饰、水果、美食、美妆、母婴等全球好货。贝店通过人与人之间的分享与传播，实现消费者、店主及供应链的三方链接，从而将精选的商品送达消费者的手中。贝店采用自营加品牌直供的源头供应链模式，与全球数万个优质品牌方、源头工厂及农业生态种植基地达成战略合作，确保源头直采、正品体验，确保消费者可以花更少的钱买到更好的商品。

目前，国内移动互联网权威数据机构 QuestMobile 发布《中国移动互联网2018 年度大报告》，报告以"2018 八大关键词"和"2019 十大趋势"为主题，全面揭示了中国移动互联网的现状、发展与趋势。报告提到，社交电商全面崛起，起量快，发展迅猛。2018 年电商类 APP 增速 Top 10 中，社交电商占比超过一半。

报告显示，社交电商贝店 2018 年的月度活跃用户（MAU，monthly active users）超过 1500 万，比 2017 年同期增长了 1837.3%，位居全国移动电商增速的第一名。同时，贝店还荣登 2018 年度中国移动互联网用户规模飙升 Top 10，作为榜上唯一的电商类 APP，贝店成为年度最大的社交电商黑马。

就在前不久，贝贝集团创始人兼 CEO 张良伦晒出贝店过去一年亮眼的"成绩单"：2018 年，贝店单季度订单量突破 1 亿，刷新国内社群电商订单纪录，仅用17 个月贝店会员用户数量就达到了 4485 万，成为移动电商领域的佼佼者。

"无社交不电商"： 贝店重新定义人货场

复盘 2018 年的电商行业我们会发现，社交电商以绝对的姿态"碾压"其他模式，成为电商行业一股不容忽视的新兴势力。社交＋电商成为挖掘潜在流量的有效方式；而无处不在的社交生态链，更是为社交电商平台成为独角兽提供了可能。贝贝集团紧抓自身优势,将社交电商作为发展的主要方向,于2017年8月推出社交电商平台——贝店。

1天卖出琯溪蜜柚1400000个、1天卖出韩束红石榴三件套46333套、12小时卖出NTNL旅行箱12000个、1小时卖出韩都衣舍服装60000件……在这一年多的时间里,贝店完成了很多看似完不成的事情。目前,贝店平台在售商品已经囊括居家、服饰、食品、母婴等六大品类,商品SKU已超20000个。

"社交电商以人与人的信任关系为基础,通过用户的分享及信用背书,完成流量的聚集。"张良伦将贝店的成功归功于站准了社交电商的风口。"贝店其实是利用社交平台流量去中心化的特点,迅速打通上游供应链,通过精选优质爆款商品、平台支持和社会化分享,实现快速的社交裂变,最终以精细化平台运营完成销售闭环,对人货场完成重构。"

在张良伦看来,社交电商的出现重新定义了每一个消费者和用户。在贝店,每一个用户都是购买者,同时也是分享者。"我们是一群不一样的人,这些人有自己的家庭,有自己的生活,这里面很多东西自己用得好才会推荐。其实我们本身就是消费群体的一员,同时也是社交网络的参与者。"

可以说,在这里,整个消费者的购物场景已经非常丰富了。"他会在朋友圈买东西,也会在微信群买东西,会在APP或者小程序买东西,我们在搭建一个无处不在的社交网络的时候,也更加有效地把源头货送到消费者手中。"张良伦透露,2018年,贝店的用户数达到4485万,2019年至少可以触达1亿的用户。"当我们触达这么多的用户时,特别希望1亿的社交网络能够成我们新零售的一项基础设施,能够一端对接我们最源头的供应链,一端对接消费者,希望省掉中间所有的环节,最终让消费者获益。"

打造源头供应链系统: 品牌直供+工厂优选+产地直采

贝店能够取得现在的成绩不仅得益于社交电商中人与人的口碑传播,更有赖于贝店品牌直营、工厂优选、产地直采的资源优势。

贝店一直专注家庭消费领域的用户需求,选取用户日常生活中刚需、高频的商品作为切入口,逐步完善旗下商品品类。为了最大限度地保障商品质量,贝店将后端供应链与用户需求匹配,采用品牌直供+工厂优选+产地直采的模式,建立了完善、高效、安全、健康的供应链体系。

以贝店"一县一品"计划为例,2018年贝店已与全国20多个贫困县达成战略合作,建立了100多个精准扶贫的示范基地,仅2018年11月份就销售1亿斤农产品,再次创造了行业纪录。截至目前,通过"一县一品",贝店共打造了上百款农产品,为上百万贫困地区农民创富增收数十亿元。

"我们在帮助优秀农副产品销售到全国千万户家庭手中的同时,我们也链接了很多的工厂。"据张良伦介绍,自从贝店推出了工厂优选项目后,平台就开始直接对接源头工厂,帮助工厂建立工厂的品牌。过去一年,这些工厂品牌主推的商品都有百万级的销售额。

"当我们把所有源头的供应链进行整合,通过贝店输送给所有合作的店主朋友时,双方产生了非常大的化学反应,受到了源头厂家和品牌商的欢迎,他们可以省掉中间广告的费用,流通和营销成本,直接使商品触达消费者,并且直接拿到消费者数据反向建设自己的供应链。这个过程中他们非常顺畅地完成了自己对柔性供应链和C2B商业模式的建立。"非常令张良伦感到欣慰的是,贝店的退货率在电商行业是非常低的,在两个点以下,这个数据远低于其他同行。"我们的商品越来越受到消费者的喜爱,当我们商品的价格98%都低于天猫、京东平台,真正地把源头最好的货品输送到消费者手中的时候,消费者会给予我们非常满意的评价。"

值得注意的是,贝店的快速发展也离不开品牌的支持。根据规划,2019年贝店将联合5000家境内外优秀品牌,成立好货低价"好货联盟",同时贝店公布了"三赔"计划,承诺"假就赔""贵就赔""慢就赔",为消费者提供更极致的购物体验。

贝店官网
链接

十 网易考拉·全球工厂店

"工厂＋电商"模式，一站式保姆服务赋能工厂品牌

 企业名片

> 网易考拉·全球工厂店是网易考拉旗下的战略级项目，于2017年9月正式面世，以"明智、识货、懂生活"为品牌理念，定位为全球优质制造商的品牌孵化器。通过直连行业内领先制造商工厂与消费者，剔除中间环节和溢价，一方面为消费者带来高品质、高性价比的商品，另一方面也帮助优质制造工厂打造自有品牌，助力制造商转型升级。得益于网易考拉在全球供应链端的优势，未来，全球工厂店平台的商品还将实现面向全球的出口。

在用户需求发生结构性变化、传统市场细分发生剧变的大环境下，强调从"买得到"向"买得好"转变的"新消费"正得到越来越多平台和消费者的认同。"基于'精选、极致质价比、用户忠诚度'三大利益点的'网易考拉模式'不断发展，从精选商品到精选商品的源头，最终诞生了全球工厂店。"

据网易考拉·全球工厂店总经理胡然介绍，截至目前，网易考拉·全球工厂店已与来自中国、澳大利亚、意大利、法国、韩国等国家和地区的200多家工厂达成合作，为消费者带来涵盖数码家电、美妆个护、家居生活、服饰鞋靴、休闲美食、母婴儿童、箱包配饰、户外运动等8大品类数千款风格各异、兼具高品质与高质价比的商品。

一站式"保姆"服务赋能工厂品牌

在2017年的前半个冬天，上海利长制衣的总经理周奇还一直在为Casta Diva的销量惴惴不安。Casta Diva是利长在2017年创立的自主品牌，专做羊毛羊绒服饰。这本来就是一个不知名的新品牌，它的羊毛围巾又在当年十一二月才在网易考拉·全球工厂店上线，那时候已经是"卖围巾季"的尾声。

12月的一天，周奇收到了胡然的微信，胡然在微信中告诉他，网易创始人丁

磊在互联网大会上戴了 Casta Diva 的围巾,那个产品就要火了。当天晚上,周奇发现围巾的销量嗖嗖地往上涨,几分钟内所有存货就卖光了。

"那天晚上的心情就像小朋友过年,秒杀了,没货了,成网红了,这是销售的奇迹!"回忆起当时的经历,周奇的语气仍然有一些激动。在成为"丁磊同款"之后,利长在内部协调了很多资源来补货,周奇也亲自去内蒙古调原料,尽管如此,货仍然不够卖,销量比周奇预估的多出几十倍。

利长是网易考拉·全球工厂店目前合作的 200 多个工厂中的一个。根据胡然的介绍,公司选择了一些消费者并不太介意是不是"传统大牌"的品类,再去找如今想自己做品牌的工厂。

在这种合作模式里,网易考拉·全球工厂店通过分析后台经营数据,发现更多有可能受消费者欢迎的产品,由工厂端负责设计和按需生产,形成所谓的C2M(customer to manufacturer,消费者对制造商)模式。但与精选电商不同,工厂店的产品都会贴上制造商自己的品牌。

在双方的分工中,制造商只需要负责研发、生产、品控,将货物送到网易考拉·全球工厂店的仓库中,至于售前售后、线上页面设计、产品图片拍照、线上营销等制造商本就不擅长的工作,则交给了考拉。"分工很干净,我们的最强项加他们的最强项。"周奇这么评价道。

就像捧红了 Casta Diva 的羊毛围巾一样,网易考拉·全球工厂店力争为每个合作工厂推出一个爆款。"我们的思路是每个工厂进来后都希望它们存活下来,让它们觉得这个模式是赚钱的,所以一定要给它培育一个爆款。"胡然说道。

这似乎正是擅长流量运作的互联网公司的看家本事。它们会先让工厂小批量试生产同品类几种不同的产品,快速在线上测试哪个产品更受消费者欢迎,和合作工厂进一步沟通后精简 SKU,通过营销推高流量。

作为跨境电商的领军者,网易考拉拥有丰富的和境外品牌商合作的经验,为不甚了解中国市场的境外品牌商提供一站式保姆服务。在胡然看来,这方面的经验还可以与制造商工厂无缝连接——制造商工厂专注于擅长的生产环节,网易考拉利用互联网的技术优势、人才优势、资金优势,帮助工厂孵化自有品牌,赋能制造业转型升级。

打造品质商品,走向"卖全球"之路

据介绍,网易考拉·全球工厂店只与每个行业、商品品类中最优秀的 1～2 家工厂合作。他们通常都有着 10 年以上的生产经验,5000 万元以上的产值规模,并在商品生产工艺和商品品质上表现优异。

"为维护自有品牌口碑,制造商工厂会率先严格把控自有品牌下商品的品质和质量。与工厂合作后,我们还会邀请第三方质检机构,如 SGS(通标标准技术服务有限公司)、TUV(德国技术监督协会)等,对他们的生产环境和生产工艺进行检验,也会采用 ISO 9000 等更多检验方式;在生产过程中,公司也会对商品进行不间断的抽检,保证每一件商品的品质都值得信赖。"

当被问及全球工厂店与网易严选的同与不同时,胡然表示,二者最关键的区别在于两个字:品牌。"网易严选是网易电商的自有品牌,品牌归属权属于网易,制造商提供设计和生产,是一种 ODM(original design manufacturer,原始设计商)模式;而网易考拉·全球工厂店的品牌属于制造商、工厂,平台提供市场和渠道等支持,是一种 F2C(factory to customer,厂商到消费者)模式。"

此外,相比于网易严选主要针对境内市场,网易考拉·全球工厂店有个更大的野心——"卖全球"。得益于网易考拉在全球供应链端的优势,未来,全球工厂店平台的商品还将实现向全球出口。

事实上,近年来跨境出口电商的热度不断上升,"一带一路"倡议让很多出口电商卖家尝到了甜头,同时也让制造企业看到了新的机会。比如,跨境出口电商主流平台亚马逊也在向制造企业渗透,包括推出亚马逊全球开店"制造+"计划及上线 Amazon Business 业务。

显然,如果网易考拉·全球工厂店能顺利走向中国以外的国际市场,这对其合作的制造企业来说无疑是个不小的诱惑。

网易考拉·
全球工厂店
网址

十一　联络互动

双向布局，"买全球、卖全球"

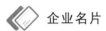 **企业名片**

> 联络互动成立于2007年，公司于2014年10月借壳上市，是一家做智能硬件、影视传媒、电商及金融的创新型科技公司。2017年收购了北美最大的科技类电商Newegg（新蛋），助力"中国质造"出海。2018年孵化了跨境直购电商平台"tt海购"，链接中国消费者和50个国家和地区的优质产品。

依托Newegg，携手ttchic、tt海购，联络互动为中国卖家和买家搭建起了一个双向跨境电商平台。

卖全球：Newegg助力"中国质造"出海

成立于2001年的Newegg，总部位于美国加利福尼亚州工业城，是一家知名的电子商务公司，拥有3600多万用户，多年来业务深耕欧美国家，在全球3C产品爱好者心中有着特殊地位，在全球知名的IT/CE品类电商中也有着强大的影响力。

据了解，Newegg每月独立访客超过1700万，并在多个国家（地区）同时建立了大面积的物流仓储中心。其中Newegg北美的物流仓储中心配套全自动派货系统，平均每套能同时处理25000种以上的商品，正确率高达99.9%。仓储总面积相当于12个国际标准足球场，每年处理全美包裹高达1500万个。

如何通过跨境电商拓展境外市场，分享巨大蓝海红利，成为时下中国传统制造企业"出海"所要解决的紧迫问题。

许多企业十分关注出口跨境电商，并对境内外一些平台进行了详细了解，但最终没有下定决心"触电"升级。究其缘由，还是这些平台有不少难以解决的弊端，阻碍产品在境外顺利销售。比如，市场覆盖范围不够广，低价竞争造成利润降低，缺少本地化优势，购物体验差等。此外，企业在进行本地化营销时，在当地主流媒体、网盟及社交网络上进行推广有一定的文化差异,仓储物流配套不健全,规避法律风险能力弱等,都是境内跨境电商平台短期内难以解决的问题。

2016年3月,联络互动与Newegg管理层接触,洽谈业务合作和收购事项,并于2016年8月正式签署《股份购买协议》。2017年3月,联络互动与Newegg完成股权交割,联络互动收购Newegg 55.7%的股权。截至2018年8月,联络互动持有Newegg 61.55%的股权。

作为北美最大的科技类电商,Newegg加入联络互动以后,就开始了助力"中国质造"出海的全新布局。

"本地化"是跨境电商成功的一个要素,也是2018年出口跨境电商发展的一个趋势。境外电商平台向中国卖家提供的海量用户、优质的仓储物流服务及完善的本地化营销网络,都为中国商品顺利抢占境外市场提供了保障。

2018年3月27日,联络互动旗下提供一站式出海服务的ttchic品牌启动招商。截至2018年7月,ttchic最终确定合作公司120多家,经营范围涉及消费电子、电脑配件、家装五金、家居用品、箱包服饰、汽配等多个品类。其中不乏赛维、利朗达、丰卖网、意森服饰等境外年销售额在1亿元以上的超级跨境大卖家。

ttchic致力于通过美国本土电商平台Newegg在北美成熟的市场和本地化优势,助力中国品牌方、制造商和优质卖家将商品顺利销往境外。ttchic方面透露,通过ttchic入驻Newegg的中国卖家将获得多方面的扶持,包括6个月的免费仓储服务,Newegg&ttchic双重页展示,绿色通道快速入驻,以及流量活动支持等。即便是全新的出口卖家也能够通过这些措施,迅速抢占国际市场。

Newegg依托海量的用户群体、成熟的销售市场和物流仓储体系,能够为"中国质造"在境外进行本地化营销并顺利完成销售提供良好助力。

买全球: 链接中国消费者和50多个国(地区)优质产品

除了助力中国质造"走出去",联络互动也关注到了进口市场这片"蓝海",依托Newegg成熟的供应链创立tt海购。联络互动采用境外名品直购的模式,让中国的消费者能放心地从全球50多个国家(地区)买到心仪的商品。

与一般跨境购物平台采用的境外买手模式不同,tt海购采用与境外高品质零售商及品牌厂商合作,通过Newegg国际商城的严选与交易管控后,直接将货物发送给买家,凸显货源保真的优势。

借助供应链优势,tt海购已快速发展成为容纳全球3000+品牌、10万件商品的优质进口电商平台。更与英国商务部、法国商务投资署、澳大利亚贸易委员会等结成战略合作伙伴关系。同时,Newegg 新蛋全球先进的仓储物流优势也加速了中国消费者与全球 50 多个国家(地区)优质产品的连接。

　　tt 海购平台在 2018 年"双十一"期间首次推出"盲选节"概念。从 10 月 31 日起就开始积极筹备,盲选礼盒、品类神券、现金红包等多个活动依次升级,增加用户黏性。平台统计,每日 50000 张海购神券平均 30 秒被抢光。而在跨境购的众多国家(地区)与品类中,欧美的美妆、美国的轻奢,以及澳大利亚、德国的母婴产品最受消费者欢迎。"双十一"期间,tt 海购 GMV 比"6·18"活动增长 280%。

Newegg 网址

十二　拓拉思

工业装备产业借助跨境电商风口起飞

 **企业名片**

> 拓拉思平台是 Toolots Inc.旗下专注于中美之间工业装备销售与服务的垂直跨境电商平台。Toolots Inc.总部位于美国加利福尼亚州,是一家专注于工业装备跨国电子商务的高科技互联网公司,在美国有 30000 余家中小型工业制造业企业客户,售后服务体系十分成熟。

经销商、代理商层层剥削,无法获知终端客户的需求,没有产品售后服务保障……传统工业设备出口企业面临着不小的考验,能否提供完善的本土售后服务则是中国工业装备打开境外市场的关键。专注于中美工业装备销售与服务的垂直跨境电商平台拓拉思,正致力于构筑一个"工业电商生态系统",为工业设备制造企业带来一种新的可能。

颠覆传统工业装备贸易流程

拓拉思前身 Bolton Tools 在美国有十几年的工业装备销售经验和专业售后维修队伍,其创始人 Jason Fu 在中美两国从业 20 余年,曾涉及房地产、能源、机械制造、国际贸易、电子商务等多个领域,创立了美国知名的工业设备电商平台 Bolton Tools,使一家单纯的工业装备贸易公司实现跨越式发展。

"我们痛恨这些长久存在于商业领域的'绊脚石',这些'绊脚石'同样存在于工业制造领域。"为此,Jason Fu 带领企业团队,于 2016 年创办了一个能提供全方位全流程服务的工业装备垂直跨境电商平台拓拉思,希望构筑一个"工业电商生态系统",借助电子商务的力量全方位地革新工业装备和技术领域,推动全球制造业的革新,逐步向制造业的深层次拓展。

和亚马逊、eBay 等综合性电商平台不同,拓拉思是专业的工业装备厂家在线直销平台。

拓拉思平台属于 M2U 模式（manufacturer to user，制造商对用户），中国厂家可以通过拓拉思的一站式服务，把产品直接销售给美国终端用户。美国用户还可以在线和中国厂家进行定制化生产。拓拉思最大的创新在于彻底颠覆以往传统外贸出口的中间环节，帮助中国的工业装备类产品生产企业摆脱对中间代理商或者经销商的依赖，将产品直接销售给美国的终端客户。通过拓拉思平台，中国厂家能获得比一般贸易更高的利润，美国的消费者也能以更低的价格买到同样甚至更好的产品。

帮助中国工业设备打开境外市场

拓拉思不仅是一个产品在线交易平台，而且能为中国厂家提供从产品标准定制、境外品牌打造、生产企业培训、进出口仓储物流服务到产品全方位营销及售后维修的一条龙服务。

入驻平台的厂家，在产品上线前要先完成上线辅导，主要在三个方面展开：一是市场调查，拓拉思的产品专家会就厂家的产品线进行严谨的市场调查，分析产品在美国市场的销售情况。二是筛选产品，在专业市场调查的基础上，拓拉思的产品专家会和厂家一起筛选最适合在美国市场销售的产品，或者就现有产品结合美国市场做针对性的改造。三是指导定价，拓拉思提供定价策略，指导厂家制定合适的在线直销价格，在保障价格竞争力的同时提升利润。

完成上线辅导后，注册账号并在拓拉思专业团队的帮助下拍摄产品在线展示的图片和视频即可上线销售。借助大数据和在互联网营销方面的经验，拓拉思把产品广告全方位、多途径、精准地投放到目标客户面前。

位于美国加州的 1.1 万平方米（12 万平方英尺）的拓拉思产品展示中心集中展示了中国厂家生产的主打产品，同时有拓拉思工程师在现场为顾客演示机械设备的操作和保养方法，通过线上和线下的互动，为顾客提供最好的购物体验。在不久的将来，拓拉思将在美国的东、中、西部各建设一个面积为 9.29 万平方米（100 万平方英尺）的仓库，让中美之间工业装备跨境电商贸易真正实现本土化。

客户在线支付完货款之后，拓拉思将完成发货、安装调试等工作，并按时和厂家结清货款。

目前，拓拉思平台的供应商网络正在快速地扩张，在美国已有 30000 余家的终端客户，并以每年 3000 家的数量在递增，庞大的客户群是产品销售的保证。在美国和中国两大市场已经有数百家的制造业厂家和拓拉思形成了合作关系，通过拓拉思平台在境内和境外销售自己的产品。

完善服务体系构建竞争壁垒

"提供跨境的在地售后服务,是现在工业设备厂家面临的最大贸易障碍。"Jason Fu 表示。

为此,拓拉思平台建立了四级售后体系:第一级,拓拉思客服通过电话、电子邮件和视频为客户解决基本的产品问题;第二级,独创的 YUUTOOL 在地售后服务系统,让工程师就在顾客身边;第三级,拓拉思专业维修团队,上门为顾客服务,排忧解难;第四级,如果需要中国原厂工程师上门服务,平台将协助原厂安排工程师赴美维修。通过构建和完善"四级售后服务体系",拓拉思不仅构建了自身的竞争壁垒,也打破了中国工业设备因无法在美国提供售后服务而打不开美国市场的困境。

值得一提的是第二级售后,即 YUUTOOL 在地售后服务系统。除了提供常规售后服务模式外,受 Uber 启发,拓拉思开发了 YUUTOOL 这款 APP,重构在线为客户提供产品售后服务的方式。YUUTOOL 连接了机械设备的使用者和经过认证的能提供售后维修服务的工程师,这种关联同 Uber 连接乘客和司机的原理是相通的。"通过 YUUTOOL,拓拉思将构建起自己的'大服务'生态体系,拓拉思生态体系中的每一个个体都将彰显其价值。"Jason Fu 在演讲时说。

据介绍,目前约 3000 名来自拓拉思合作厂家的工程师已经入驻平台,工程师被分为 10 个等级,每个级别对应不同的维修费用。顾客打开软件,马上就可以定位到离自己最近的工程师,轻松获得工业设备维修服务。

此外,拓拉思将 YUUTOOL 定位为一个服务即时共享互联社区,平台上开放了在线论坛和交易平台,用户可以交流讨论,解决相关机械问题,甚至能进行服务和一些物品的交换和交易,进而成为一个活跃的网络社区。

除提供美国本土在地售后维修服务外,拓拉思在美国东、中、西部建设有海外仓,满足中国企业在美本土化营销的需求。美国加州设有面积 1.1 万平方米的产品展示中心,满足消费者线下展示、线上购买的需求。

拓拉思网址

十三　杭州爱琴嗨购供应链管理有限公司

打造名品综合跨境电商平台

 企业名片

杭州爱琴嗨购供应链管理有限公司成立于2016年,是一家专业名品综合跨境电商平台公司。结合线上线下两种方式开拓业务渠道,通过与各大电商平台、中小分销商、代购等合作,目前,旗下有跨境供应链分销平台"爱琴海购"和跨境社交电商平台APP"奢团"。

用20年打造境外供应链系统,爱琴嗨购把奢侈品卖到朋友圈

"不吃饭,不睡觉,敲着键盘数钞票!"在爱琴嗨购的办公室里,这个为"双十一"准备的红色横幅,特别夺目。创始人郭均看到这个横幅时,笑着说,"做电商的,还是要打一打鸡血"。

不过,电商人的鸡血,可不是喊一喊口号。在参观公司时,我发现,几乎每个员工的办公桌旁,都有一堆摞成小山一般的货品。郭均一边熟练地翻弄,一边介绍,"这些是菲拉格慕,这些是古驰,这件Kenzo的T恤很受年轻人喜欢"。

爱琴嗨购是一家名品综合跨境电商平台,Gucci、Prada、Ferragamo……这些听起来高大上的品牌,正是爱琴嗨购线上线下售卖的商品。很快就要迎来电商的上新季了,爱琴嗨购的员工们,正在为春季的上新,忙活着选品。敞亮的办公区域,被样品堆得满满当当。

在电商行业,有人专注出口,有人专注进口。但郭均有点特别,他做了近20年出口,十几年进口,不管是走出去,还是引进来,都做得不错。

瞄准高端消费市场，从走出去到引进来，他卖起了奢侈品

最早，郭均是做外贸业务的，公司为 Topshop、Asos、Zara、Costco 等全球知名的零售及品牌企业，提供设计、开发及采购服务。十年前，郭均决定利用手上的进口贸易资源，发展第二事业，做进口贸易。但是，做什么，卖给谁，却着实纠结了一番。

"中档消费群体最庞大，算一下，也是最容易赚钱的。但是，5 年后，10 年后呢？中档消费者最容易变心。那么，大家对什么样的商品长情呢？"后来，郭均想明白了，大家对奢侈品是最痴情的。

于是，他决定瞄准高端名品市场，拿下 Kering Group 的 Gucci、Prada、Pinko 等品牌在中国的经营销售权。很快，在北京翠微开了一家叫"LIMELIGHT"的名品集合店。在杭州的国大百货商城一楼，也有一家。

"10 年后的今天，可以印证我当时的判断是正确的。高收入者喜欢名牌，年轻人也更愿意用奢侈品来奖励自己。可以说，这 10 年，大家对奢侈品的需求日益旺盛。"郭均笑言，经营了 10 年奢侈品，才真正迎来奢侈品的春天。

春天里，万物生长，百花竞放。在郭均眼中，奢侈品的春天，不再是线下专柜一家独大，大家开始接受在电商和微商平台上购买。

回想前几年，进军商场的种种，郭均满腹心酸，"每一个城市，都需要一家一家商场去谈。不同城市、不同商场的合作模式、套路也千差万别。好不容易谈好了，还得自己装修、雇员工、管理，非常麻烦。那个时候，我总有一种感觉，明明蛋糕很大，但你只够得着眼前的一点点"。

但是，现在情况发生了翻天覆地的变化。如果在线上开店，全国的消费者都是你的潜在客户。看到机会后，郭均开始进军线上，在天猫、京东、考拉上开了"万奢城旗舰店"。

"线上开店，受众多了，怎么留住客户成为一个新难点"，郭均这样说。除了严把运营效率关，爱琴嗨购开始积极开拓合作品牌。到去年为止，已经和 75 个品牌达成了合作关系，有的牌子是总代理，有的是经销商，有的是和买手店合作，多维度地去进行合作。

同时，选品成为一个全天重要的环节。"消费者进入你的店，如果展示在首页的商品，不能一下子引起他们的兴趣，客户将迅速离开，甚至再也不会打开你的店铺。"郭均说，在选品上，自己不凭感觉，全靠专业说话，"我组了一个专业买手团队，有美国的、加拿大的、意大利的，就靠着他们对流行趋势的洞察

来选款"。

现在,爱琴嗨购在杭州、嘉兴、香港拥有保税仓和自贸仓,在法国等地有境外直邮仓库。客户下单后,供应链可以快速反应,一般 4 天左右,就能把商品送到消费者手上。

把奢侈品卖到朋友圈,爱琢磨的人,总能想出新套路

2018 年"双十一",一天就卖了 2000 多万元。一年下来,万奢城在各平台的销售额有好几亿。爱琴嗨购在线上线下发展得都很不错。"做生意啊,不往前跑就等于往后退。"郭均又开始琢磨,如何拓展更多消费渠道。后来,他觉得,电商行业瞬息万变,得学会用年轻人的思维来"玩"。

怎么"玩"? 2018 年 6 月,爱琴嗨购上线了一款社交零售平台 APP——奢团。你只要把奢团上的商品分享到朋友圈,如果有人通过你的分享下单,你就能拿到一笔佣金。用这种方式,便可以通过连接一个人来连接一个群体。目前,奢团已有几千名会员。

"可能现在有人对微商颇有微词,我觉得这是一个误解。尤其是奢侈品,贵的东西没人敢跟陌生人买,但是可以跟信得过的朋友买。"郭均这句话,与其说是"信得过的朋友",不如说是"信得过的平台"。从 LIMELIGHT 到万奢城再到奢团,不同的销售渠道,但有同一的货源。熟悉的顾客,自然不会在意是从商场里的 LIMELIGHT 买的,或是万奢城旗舰店买的,还是朋友圈的奢团上买的。

"想做口碑传播,做平台,用社交的方式和各大平台打通,建立自己的群体,把用户都聚集到自己的平台上。"这是郭均的最终目的。

面对思维活络的年轻群体,郭均也尝试了一些新鲜的销售方式——拼团。和我们熟知的拼团不同,他的拼团不是拼数量,而是拼整个品牌。"奢侈品是有距离感的,品牌价值和营销策略决定了它的稀缺性,同样的款型不可能拼很多件。"他采取了品牌的拼团,针对喜爱同个品牌的用户进行拼团,大大提高了销量。

他觉得,爱琴嗨购也可以积极和现在社交平台上活跃的代购进行合作,给他们提供合理合法合规的完整的供应链,从货源供应到物流、清关、发货都可以交给爱琴嗨购的平台,代购只需要负责社交及销售即可。

"做电商让我们和终端市场紧密相连,和消费者无缝对接,也就可以让我们迅速感知市场的变化。"未来,郭均仍打算以名品做突破口,将境外一些设计师品

牌、轻奢品牌、优质品牌引入境内,也会尝试着用直播等方式运作。

如今,杭州创作出了跨境电商的"杭州样本",身处其中,郭均对未来充满了信心:"对我们做企业的来说,现在才是最好的时代。在杭州这样一个互联网中心,我非常清楚自己要做什么,应该怎么做,跨境电商还是大有可为的。"

杭州爱琴嗨
购供应链管
理有限公司
网址

第二篇

跨境电商企业案例

十四　宏都寝具

"父女档"玩转跨境电商，2018年销售额突破200万美元

 **企业名片**

> 浙江宏都寝具有限公司（以下简称宏都寝具）主营寝具用品，注册资本为5430万元人民币。公司主要从事服装、纺织辅料的加工，以及服装及辅料、家纺纺织辅料、制造纺织器材、服装饰品等产品的经营、销售和咨询等服务。

"2016年11月正式上线亚马逊后，业绩一直在上涨，这个月的业绩比上个月就翻了一倍。"吕亚骏的语气里透出掩饰不住的兴奋。而她的父亲吕益民，这位十几年的老外贸，显然看得更远："经过了几年沉淀，我们经历了做跨境电商该经历的阵痛。现在前期布局和积累已经就绪，很快将会迎来一个快速增长期。"如他所愿，2018年公司在亚马逊平台上的销售额已经超过200万美元，2019年有望突破500万美元。

都说"上阵父子兵"，吕益民和吕亚骏这对"父女"搭档也毫不逊色。在传统制造企业急切需要转型的当下，外贸经验老到的吕益民很早就感受到了从"互联网＋"的风口上吹过来的风，从2013年开始就带领企业向跨境电商伸出探看的触角，并一直坚持不懈地尝试；而"虎父无犬女"，吕亚骏境外学成归来后从父亲手中接过探路转型的重任，从零开始，"摸着石头过河"，最终探索出一条最适合宏都的跨境电商之路。

修内功从中国制造到中国"智造"

面对传统行业"低、小、散"的弊端，吕益民很早就意识到这是企业发展的"紧箍咒"，并着力去突破。早在2013年，吕益民就投资千万元，建立了建德市唯一一家纺织品研发检测中心，引进先进的德国技术，配备恒温恒湿实验室，并购置国内先进的研发检测设备50多台，不仅为自己企业的面料开发、产品质检提供保障，也为本地同行提供了公共的检测服务平台。目前，这个中心已通过了

CNAS(中国合格评定国家认可委员会)认证,正式成为国家认可的实验室,又在2018年获得实验室资质认定证书,意味着该中心出具的检测数据将得到国际上所有签署互认协议国家的认可。

此外,吕益民还投入大量人力、物力进行研发,依托纳米植入、轻柔暖贴等前沿技术,研发出了负离子型功纤绵、远红外型功纤绵等功能性面料和产品。早在几年前,宏都寝具就进入杭州市高新企业之列,目前拥有 30 多个实用新型专利、1 个发明专利。

"传统行业不等同于陈旧、落后,传统企业可以通过引入高科技和科学管理方法,促进生产智能化,提升产品质量,修炼好'内功',去不断适应环境的各种变化。"吕益民说。

从制造到"智造"的升级,让宏都寝具的产品在境外颇受欢迎,订单纷至沓来。而在这个过程中,属于其企业自己的品牌也在慢慢形成。目前,企业自主品牌"宏都"成为浙江省著名商标,境外品牌"凯梦娜"在几十个国家和地区成功注册,被评为浙江省出口名牌。

在引进先进技术对企业生产和管理环节进行改造的同时,对市场风向变化有着敏锐的感知力的吕益民,也开始向渠道方向拓展。2013 年,宏都寝具开通了阿里巴巴国际站的账号,开始了对跨境电商的探索。

拓渠道打通终端获取自主权

不过,在一段时间里,宏都的跨境电商业务增长速度一直很缓慢。对新生事物缺乏了解,使得吕益民步子迈得比较保守,并没有在平台上投入太多资源去做营销和推广。

看得见方向,却摸不到路径,这恐怕是"创一代"在面对日新月异的互联网时无奈的局限性。因此,吕益民把这个接力棒,交给了留学归国的女儿吕亚骏。有着金融学专业背景的吕亚骏,从 to C 端切入,开辟了另外一条路。

对这个选择,吕亚骏有着自己的思考。"传统生产企业一直以来处于'微笑曲线'的最下方,一个很重要的原因就在于生产企业没有抵达消费终端,大量的价值被中间方和渠道方截取了。"她举了个例子,一件 FOB(离岸价)三四十美元的产品,到境外代理方的价格可能就变成了 100 美元,而到销售终端的价格,可能翻倍变成了 200 美元。"如果生产企业自己掌握了终端渠道,那么这 40 美元到 100 美元乃至 200 美元之间巨大的利润空间,就可以由生产企业通过打造品牌去争取。"

而只有掌握了通往终端的渠道,才真正拥有了自主权。"我们为美国一家知名超市供货,刚开始时是用我们自己的品牌'凯梦娜',但后来销量好了之后,超市方就改用了自己的品牌。"对吕亚骏来说,跨境电商B2C平台,就是通往终端的一个入口,是真正实现品牌化的渠道。"通过做B2C,我们能直接接触到客户,精准客户画像,并从客户反馈当中提升产品和服务,培养客户对品牌的黏性和忠诚度,充实品牌价值。"

为此,宏都寝具在原有境外品牌"凯梦娜"的基础上,又注册了专用于电商平台的品牌"KMN",并于2018年11月开通了亚马逊北美站。而对跨境电商运营一窍不通的吕亚骏,开始频繁地参加各类培训,从注册、运营到物流,一边学习一边实践,并组建了一支团队,与她一起从基础开始做起。"虽然我们短暂地请过代运营,但实践证明,企业要真的了解、掌握跨境电商,还是要自己来做。"

早在2017年,宏都寝具在亚马逊北美站的店铺就已经有了100多个SKU,且销售量增长不断加快,月销售额已经突破10万美元。

海外建仓打造线上线下综合平台

多年的摸索,宏都寝具形成了自己的跨境布局。

"几年前我特地去美国考察,发现和以往相比,互联网对美国人生活的渗透率很高,在美国网购也和国内一样,成为一种日常消费选择。"由于宏都寝具的出口业务中98%的份额在北美市场,因此吕益民把北美作为其终端渠道部署的主战场。

除了亚马逊外,吕亚骏也在积极布局美国的其他电商平台。2017年2月份开始,以往只允许"美国制造"入驻的沃尔玛线上平台(http://www.walmart.com)开始向中国和其他国家招募供应商和品牌商入驻。作为美国零售业的巨头,沃尔玛在美国本土拥有非常深厚的市场,其打造的平台被视为以电商切入美国市场的"新蓝海"。闻讯的吕亚骏于同年5月,在宏都寝具北美分公司注册之后,也立刻向平台发起了入驻申请。

除此之外,线下物流和通路也同时在铺设。2017年3月份,吕益民和吕亚骏父女俩特地飞了趟美国,考察美国海外仓的运作模式,并在5月份的时候,租下了700平方米的海外仓。吕益民精算过,通过自营海外仓,入仓、存储、管理、配送等成本比走亚马逊FBA的费用要节省一半以上,还能自主解决库存的问题,减少花费。

海外仓的运作才刚刚开始,已经吸引来4家企业寻求合作。而在此前,吕益民联合建德的家纺、五金、低压电器等行业的 10 家企业成立了杭州虹达网络科技公司，共建线上线下共享平台。他准备将这个模式复制到海外仓的运作上，后期将再扩大海外仓的规模，为建德优势产业产品出口美国提供窗口和平台。

父亲负责指点大局，女儿负责执行和运作，父女俩设想的线上线下融合的体系，正在一步步实现。

浙江宏都寝具
有限公司链接

十五 建德市迪佳纺织品有限公司

"厂二代"转型跨境电商,年销 6000 万元成老爸"甲方"

 **企业名片**

> 得益于改革开放的红利,第一代民营企业家乘着改革的春风完成了财富的积累。成海斌白手起家,在 2008 年创立了建德市迪佳纺织品有限公司,生产毛毯、靠垫、床套等纺织产品,通过传统贸易出口到境外。

一代创业,二代守业。

在互联网浪潮的席卷、全球经济环境变化的冲击及国内人口红利逐步消失等多种因素的叠加影响下,传统制造业陷入前所未有的瓶颈,尽管建德市迪佳纺织品有限公司(以下简称迪佳)每年的产量都在上升,但利润空间却越来越小。

"厂二代"成龙带领 5 个"95 后"员工,从父亲的战场上接过大旗,利用跨境电商再创业。2018 年,成龙在阿里巴巴国际站上的店铺销售 6000 万元,妥妥地成为父亲工厂的大客户,并且倒逼老爸的工厂转型,从过去的外贸型订单工厂,转变成了一家产品创新的综合工厂。

现在,迪佳的生产线已经跟不上店铺的销量,为了满足需求,朋友的工厂也开始为成龙供货。

代际传承,从父亲的战场上接过大旗

成龙的大学生活只持续了一年。

2013 年,他进入北京理工大学;2014 年,父亲成海斌凝结了一生心血的工厂,在国际市场和互联网大潮的催逼下摇摇欲坠,濒临破产。成龙申请了退学,回到家中,成为一名外贸业务员。随着工厂挺过资本市场的降温,成龙也产生了新的想法。

2017 年初,成龙给自己定了小目标,个人销售额 200 万美元,一月份他就完成了 60%,可面对传统制造业的没落及销售渠道的匮乏,成龙还是迷惘而焦虑。

在成龙看来,"品牌、交期、价格、质量"四个因素在外贸中占据重要位置,如果能够把握其中三种,工厂的议价权将大大增强。如何在激烈的外贸竞争中抢占先机?成龙选择了互联网。

全球跨境电商平台的发展降低了国际贸易的成本和门槛,将全球海量企业和网络消费者紧密连接,为中小企业的发展创造了历史性的机遇,借助电商,迪佳可以站在与大企业同样的起跑线上,成为国际贸易的活跃参与方,进入全球价值链和国际市场。

从阿里巴巴国际站开始,成龙参加了建德阿里巴巴"联合办公"第三期孵化培训班。同期的老师和学员对他高度评价,虽然年纪尚轻缺乏经验,公司也是第一次接触阿里巴巴国际站业务,但他吃苦好学,对客户报以耐心的服务,对细节秉持严格的把控,对每一笔询盘都投入充足的精力。

仅仅一个月时间,成龙就达成了65000美元的首笔线上新订单,也打破了此前50000美元的首单纪录,鼓舞了整个培训班的士气。从2017年7月开始,短短5个月的时间就完成了从零到Top 10的实质飞跃。

在成龙看来,跨境电商最大的优点就是让全世界看到自己的产品,而不仅仅是局限于杭州A进出口公司、上海B贸易公司,原本的客户群就从1至5变成1至无限。尤其是阿里巴巴庞大的全球客户资源替企业解决了国际贸易的三大难题——被发现、被选择、被信任,甚至还可以为企业提供金融服务。

转型升级,轻定制牵着客户走

问及生意上的窍门,成龙一再强调,"一定要牵着客户走"。

阿里巴巴国际站上集聚了一大批中小型的零售业务和小微买家,成龙将目光瞄准了境外的创业型买家,他举例道:"美国一位年轻创业者在6个月前下了300件900美元的订单,使用信用卡付款,其间不断返单,现在一个月下了30万美元货值的产品。"

在营销洽谈技巧方面,他认为,"洽谈时要记住的是合作,而不是乞求订单,一定要把自己放在正确的位置,这样我们才能有更多的谈判筹码,去取得利润更好的订单。而最重要的一点,是对产品的了解,要给客户感觉,你是这个产品方面在世界上最了解他的人,并且能给客户最优秀的建议,让客户跟随迪佳一起成长"。

成龙给自己的产品定位是主打健康类的功能型产品,"我们花很多精力做产品开发,不是客户卖什么我们生产什么,而是引导客户卖什么。抓爆点,打精品,同时在保证质量的前提下,尽量降低产品的成本"。

高频小单的采购方式,促使迪佳改进生产方式,产品开发阶段采用轻定制的模式,生产阶段则更加柔性化。不再延续 10 年前的批量化模式,在小批量定制上做好功课,不仅能更好地规避库存积压的风险,还能加速资金的周转。

从传统工厂到跨境电商的转变,人才的短缺和应用困扰着大部分的企业。跨境电商业务是新业务,所以需要很高的灵活性,这和境内成熟业务的节奏、打法都会有所不同。如果直接照搬传统贸易和境内电商的经验,有时会适得其反。

因此,关于人才,成龙的要求是必须有发散性思维的新人,不会外语可以运用工具辅助,但必须有创造力。目前 6 人团队中,除了 1992 年出生的成龙,还有 5 个"95 后",6000 万元的业务量仅仅依靠 6 人的跨境电商团队就实现了,人均产值极高。

B2B 的成功实践让成龙更加相信跨境电商带来的变革力量,2018 年 7 月,成龙将迪佳的产品搬上了亚马逊平台,直接触达最终消费者。上线不到 4 个月,亚马逊店铺日销达 20000 美元,接触终端消费者不仅利润更为可观,还能准确挖掘消费者的真实需求,对产品的研发和生产都会带来不可估量的帮助。

建德市迪佳纺
织品有限公司
链接

十六　八木雨服饰

临安服饰企业合伙人模式衍生新玩法

 **企业名片**

> 杭州八木雨服饰有限公司,通过 Wish、速卖通、亚马逊等跨境电商平台将服装、鞋靴销往欧美、印度等国家和地区。2018 年上半年,八木雨日销售额约 13000 美元。

48 码的男鞋、42 码的女鞋,对于境内的消费者来说,这样的大码鞋显然是少见的,而在杭州八木雨服饰有限公司的跨境电商店铺中,几乎所有的款式都有这样大的尺码。

迎向风口：跨境电商创业

创业的想法源于骨子里的"不安分",林祥海在英国读完本科和研究生后,就进入了一家世界 500 强企业,朝九晚五、按部就班的生活不符合林祥海对自己的人生定位。在国内经历过电商创业失败后,林祥海很快又有了新目标。当跨境电商的红利洒向杭州,2015 年 9 月,林祥海在杭州成立八木雨服饰有限公司,以速卖通为起点,销售品牌为"Raining Wood"的服装、鞋靴,客户群体主要瞄准境外的年轻消费者。

林祥海清楚地记得,店铺第一次爆单时,公司所有人正在外聚餐,其中一位工作人员的手机不停弹出消息,"起初还以为是无关紧要的信息,不想理会,谁知在关闭消息通知时,发现原来是店铺内顾客的下单通知"。几人匆匆结束聚餐,那款产品在一小时内成交了几百单,所有人打包到半夜两点。"那时丝毫没有觉得辛苦和疲惫,只有投入和专注工作的充实感。"林祥海说。

随着销售量的暴涨,"八木雨"每天收到来自全国各地工厂的近千个包裹,打包、分拣、发货,即使每天下午 4 点截单,工作人员仍然需要忙活到晚上 8 点。为了减轻工作压力,林祥海砍去了日出单量低的产品,将在售产品精简到 200 多款，减轻了前端运营和后端发货的压力。

"八木雨"还与 20 多家工厂建立了长期稳定的合作关系。在这个过程中，不少原来服务境内市场的服装工厂因为为"八木雨"供货而转变为专供跨境电商客户的工厂，做了很多"柔性化生产"的调整，以配合电商这种"闪电式"的营销模式，为两者之间的供应链合作赢得缓冲空间。"公司有设计团队，最终产品的生产主要还是工厂配合'八木雨'，毕竟'八木雨'会有持续的订单提供给工厂，工厂也会有动力去改造。"林祥海透露。

跨境"出海"：组队很重要

在跨境电商行业，人才一直十分紧缺。为了吸引更多人才加入，已经有许多工厂、企业开始由雇佣制向合伙人制转变，其效果也十分明显，因此发展迅速。在林祥海看来，合伙人模式是一种资源整合工具，是一套共创、共赢、共享的激励机制。林祥海将合伙人的目标锁定在了大学生身上："这些大学生一方面有创业的热情，另一方面也具备相应的专业能力，同时，年轻人有个性，对时尚有自己独特的理解。"

通过与浙江农林大学、杭州师范大学等高校合作，公司在学生大二时，就进行入校培训和宣讲，帮助学生建立对跨境电商的基本认知；大三时，帮助有意向进行跨境电商创业的学生组建 3 人团队，进行孵化；毕业之后就与创业团队一起成立公司，"八木雨"占有一定的股份，并提供货源、资金、物流、运营等支持。目前，"八木雨"旗下已经有 4 家合营公司，表现好的团队日出单量已经达到 500 单。

合伙人模式可以更好地解决员工分配不足、没有动力工作的问题，也从很大程度上避免出现老板累死累活地工作，而员工却只局限做自己分内之事的情况。老板与员工在一定程度上能够共享利益，员工上班积极性增强，自然而然就能提升公司的效率。

为应对瞬息万变的市场，"八木雨"的销售平台也在不断切换，起初是速卖通，真正带动销量猛增的是 Wish 平台，配合公司品牌化的战略，"八木雨"又转而更加侧重亚马逊平台。随着新兴市场的崛起，"八木雨"又开拓了 VOVA、Paytm Mall 等平台。

八木雨服饰
有限公司
链接

十七　杭州聚英电子商务有限公司

境内电商大卖进军出口电商，以产品为驱动，日销 30000 美元

 企业名片

> 杭州聚英电子商务有限公司（以下简称聚英）是一家专注于 LED 照明、家具家纺产品的跨境电子商务公司，也是一家集产品的设计、研发和销售于一体的新型电子商务公司，公司总部位于杭州滨江，并在浙江宁波、广东中山、深圳等地设有分支机构。

境内电商正借助自身电商基因做新一轮的跨境电商出海裂变。事业版图从境内电商拓展到境外电商，位于滨江区的杭州聚英电子商务有限公司借由亚马逊启航，在 LED 照明用具领域逐步深挖，构筑优势壁垒，并迅速上位成为该品类的"新锐"。

转型做好了"交学费"的准备

2010 年郑宏斌进入境内电商领域，主营 LED 照明用具，专注于微笑曲线的两端——研发与销售，在境内电商红利期发展迅速。旗下照明品牌"爱朗德"创立于 2010 年，在国内淘宝、天猫、京东、唯品会均有销售。"爱朗德"品牌 2012—2017 年连续 6 年在互联网渠道的销售 LED 照明产品类目排名前三，仅次于欧普照明与雷士照明，是一个基于电子商务的红利高速成长起来的互联网原创品牌。

从 2016 年开始，全国各地开始陆续出台全装修、精装修的相关政策条例，也就是说，"毛坯房"交付的时代将逐步退出房地产的市场，这也意味着境内面向普通消费者的 LED 照明用具市场面临萎缩。尽管境内电商事业在同品类中位居前列，目光敏锐的郑宏斌还是立即着手布局转型，这一回，他的目光转向了跨境电商这片新蓝海。

机会总是留给有准备的人。深谙其理的郑宏斌，虽跃跃欲试，但是更加注重稳扎稳打。为了能够接触到跨境电商的最新前沿，2017 年 7 月，郑宏斌在杭州

互联网企业最为集中的滨江,注册成立了杭州聚英电子商务有限公司,借由亚马逊启航,销售 LED 照明用具,产品价格 30～300 美元不等。

转型的过程并不是一帆风顺的。运营总监施晨晨举了个例子,为了方便网站店铺上架和海外仓发货,产品发往美国前需要贴上相对应的产品贴。"一旦贴错,后果很严重,就好像消费者买了一瓶水,结果却发了一个手机,当然也可能反过来。"施晨晨说,发现这种情况后,公司马上将停售该产品,但已经发往亚马逊 FBA 仓的产品却面临着仓储费用的支出,这个小失误为公司带来了近 5000 美元的损失。

在打造拓展跨境电商业务的过程中常出现的情况是,成功与否完全取决于老板的主观意识、运营底子及产品现有的业绩收入。因为转跨境、打品牌及实现电商运营向品牌运营的转变,是需要巨大的人力、时间和成本投入的。另外,在这一过程中,风险是无法估量的,从产品诞生、品牌孵化、境内电商疏通、跨境电商运营到品牌的境外推广和品牌背书,涉及的环节复杂多变,且每一步都存在着隐形陷阱,对人员的应变能力要求较高。

郑宏斌坦言,"交学费是难免的,我们也在通过不断的学习和试错,保证少走弯路并尽快发现正确的解决方案"。前期选品、团队组建、市场分析、测款等众多准备花费了半年时间,2018 年以来,凭着近 100 个 SKU,聚英每日销售额约 30000 美元,2018 年销售额达 1000 万美元。

境内电商和跨境电商本质没有区别

在郑宏斌看来,境内电商和跨境电商本质上没有区别,都是销售通路。此前在淘宝和天猫积累的电商经验,以及运营推广和对供应链整合的能力,都大大帮助聚英在出海的征途中稳步上升。

在团队架构上,公司沿袭了境内电商的一贯做法,设置了产品、运营、物流及职能部门四个板块,原来境内电商的运营总监被任命负责跨境电商。值得一提的是,在用人标准上,聚英不拘一格,无工作经验的要求,反而是无相关经验的应聘者优先选用。郑宏斌表示,"我们看重的是可塑性和学习力,以前有过相关经验往往囿于之前的铺货模式,不适应公司的精品模式"。公司团队目前有 30 多人,清一色的"90 后",多有理工科背景,计算机和英语专业居多,其中产品部门 7 人负责研发、采购、品控,运营部门中 30% 的员工有过留学经历。

作为一家纯电商公司,靠拿货和工厂代工实现业绩飘红,产品品控是核心。多年境内电商的淬炼,聚英摸索出了一套品控流程:首先是验厂,工厂产品必须有70%以上产品出口美国3年以上的历史，另外对工人和厂房规模也有一定要求；其次是产品本身符合UL（Underwriter Laboratories Inc，美国保险商试验所）、ETL（Electrical Testing Laboratories，美国电子测试实验室）、DLC（Design Lights Consortium，照明设计联盟）等相关认证；再次，照明行业的产业链条较长，若某一环节出现问题，将影响最终产品的质量，因此对产品的元器件的把控也相当重要；最后，出货时再做细致的检验，为消费者把好质量关。

郑宏斌透露，公司始终以当地消费者需求为产品开发的主驱动力，同时坚定以高品质、优质服务打动客户，而不采用低价、恶战来取胜的运营理念。谈及未来，郑宏斌表示，"单点突破，小步试错"是自己多年摸索出的经验，公司将在LED照明这一行业深耕细作，不论将来拓展到哪些新的平台和国家市场，以产品为驱动，这一点是不会变的。

杭州聚英电
子商务有限
公司链接

十八 杭州帆客进出口有限公司

外贸"老司机"转型跨境电商,借力 C 端打造"智"造新引擎

 企业名片

杭州帆客进出口有限公司发展至今已有 10 余年历程,目前有三个外贸业务部,一个 B2C 零售部,一家自有电子产线工厂,两家深度合作工厂,自有员工约 30 人。专业生产和销售电子元配件、电线电缆及配件,定制和开发电子产品、塑料制品,年出口额 1000 万美元,产品主要销往美洲、欧洲、中东及东南亚等境外市场。

远程控制的 wifi 插座、拥有定时功能的开关、语音调光调色的灯泡⋯⋯跟随杭州跨境电商发展的脚步,从传统外贸模式转型跨境电商,从 B2B 闯入 B2C,杭州帆客进出口有限公司的智能家居产品正沿着"数字丝路",走进境外消费者的生活。

走进杭州帆客进出口有限公司,墙上放置的四个时钟立刻吸引了众人的注意,对应不同国家城市的四个不同时间,帆客"出海企业"的身份不言自明。

外贸"老司机"为跨境电商"输送炮弹"

杭州帆客进出口有限公司(以下简称帆客公司)、杭州久诚电子有限公司(以下简称久诚公司)总经理夏永华在 2005 年就创办了久诚公司,一直深耕电子产品 OEM(original equipment manufacturer,原始设备制造商)、ODM(original design manufacturer,原始设计制造商)市场,拥有自主研发、采购和生产一体化的产品开发能力。传统的"博览会、代理商、收订单"模式曾是公司主要的业绩来源。

"互联网+外贸"的红利促使很多传统企业转型升级,夏永华和他的久诚公司也是大军中的一员。2010 年,夏永华成立了杭州帆客进出口有限公司,专门负责久诚产品的对外贸易,并完成了在阿里巴巴国际站等线上渠道的布局。通过线上渠道,夏永华也结识了大量来自全国各地的跨境电商卖家客户,对接境内的跨境电商卖家,进一步打开了久诚产品的市场。

为了更好地服务跨境电商卖家,久诚转换思维,从跨境电商卖家产品需求的角度开发产品。除了自身较为熟悉的家电配件、电线电缆等产品线开发之外,2015年夏永华切入智能家居产品,提供各种款式的智能插座、智能灯泡、智能开关、智能水阀等产品及智能解决方案,并注册名为"Frankever"的智能家居品牌,又称帆客智能。

在为跨境电商卖家供货时,帆客智能极其注重渠道的把控。"粗放型地卖货对自己的产品是不负责的。"前期,公司只会对接一两家优质的大卖家,等产品建立优势后,才会吸引更多新的卖家拿货,有节奏地把握产品出海速度,延长产品生命周期。对特定商品来说,利用价格指导可以维护产品的优良品质形象,防止价格竞争,保证良好的经济效益。

目前,帆客智能的年销售额已突破亿元大关,销售网络渗入美洲、欧洲、中东、东南亚等市场。

借力C端补充渠道,优化产品

经过十几年的积淀,久诚的电子产品已经建立了稳定的货源供应。做生意的过程对夏永华来说谈不上复杂,参加展览会、谈判、拿到生产订单或是维护网站、接收询盘,最后交给工厂生产。这家成熟的工贸企业不断循环这一过程。但目光敏锐的夏永成并不安于现状。

2015年,他将帆客智能的产品搬上了速卖通,2017年又上线了亚马逊,从B2B闯入了B2C,从to B到to C,一个字母之变确实千差万别,最直接的就是从市场导向转变为消费者导向。

互联网时代的转型不是一蹴而就的,尤其是长期习惯OEM、ODM的贸易型工厂做线上渠道销售,往往遭遇市场水土不服的困境,销量难以突破并导致库存积压,同时线上订单零碎的特性更是一大挑战。

在夏永华看来,建立to C的渠道是改进产品的绝佳机会。举例而言,市面上某款智能灯泡功率是7瓦,在亚马逊的评论中,夏永华发现顾客反映该灯泡功率不足,亮度不够,通过研发和设计,久诚生产出了10瓦的灯泡,产品上线后果然受到了消费者的欢迎。

零售渠道也实现了对公司销售渠道的补充。"自己卖货对零售模式有了更深的了解,能够更好地服务卖家客户。另外,亚马逊和速卖通平台上会有买几十件的小客户的订单,我们会持续关注并将其转化成大客户。"夏永华表示。

匠心"智"造产品永远是企业制胜的关键

随着计算、通信、信号检测等技术的迅速发展和相互渗透,智能家居产品有了很大的发展,已经由过去的"雷声大,雨点小"的阶段步入了群雄逐鹿时代,不少企业无论规模大小,无论渠道铺设是否已完成,都打着"智能家居"的旗帜,力求在庞大的市场中分一杯羹。

夏永华认为,在众多境外市场深耕运作的过程中,质量和品牌永远是打开境外市场的万能钥匙。"跨境电商只是产品销售的一种新渠道而已,还是要沉下心来,把产品做好。"帆客智能的团队在过去十多年间,一直坚持把重心放在产品的研发与迭代上,从原材料的升级到功能的提升,从外观的优化到包装的改造,无一不是根据客户反馈的痛点进行持续的创新。

当下,世界各地的消费者对定制化、个性化产品需求量都在不断增加,境外群体的购买能力和需求足以支撑一个相当大的定制市场,在技术更新和外观设计上有强大实力的久诚公司和帆客公司,目前已经能够满足客户的定制要求。

杭州帆客进出口有限公司链接

十九　浙江同富特美刻家居用品股份有限公司

跑赢行业,跑赢时代

 **企业名片**

> 浙江同富特美刻家居用品股份有限公司(原杭州同富日用品有限公司),成立于 2000 年,是一家在水杯领域领先的生产商和出口商。19 年来,公司把不同的材料完美地结合到水杯产品上。产品类型有不锈钢保温瓶、咖啡壶、汽车杯、塑料水瓶、运动瓶和饭盒。2015 年初,浙江同富特美刻家居用品股份有限公司从传统外贸转型跨境电商以来,先后上线阿里巴巴国际站和亚马逊全球开店,其跨境电商交易额一举超过传统外贸,成为跨境电商行业领军企业。

　　10 年前,浙江同富特美刻家居用品股份有限公司(以下简称同富)成立研发部门,打造品牌,跑赢了行业;4 年前,同富发力跨境电商,在数字经济蓬勃发展的当下,先行一步,为跑赢时代增添了重要砝码。

转型：　没有退路

　　在业界颇具知名度的杭州同富日用品有限公司成立于 2000 年,主要业务是设计、生产各种材质的运动水壶、保温瓶等日用品,出口到境外。近年来,受制于国际国内经济形势,做传统外贸出身的同富也受到了影响,虽然没有出现业务下滑,但增长速度明显放慢。而在逆水行舟的商场,不发展便意味着后退,在维护自己现有的一亩三分地的同时,同富也在积极寻找着下一个增长点。

　　2014 年底,公司管理高层参加了由阿里巴巴国际站组织的一次"寻梦之旅",跨境电商先行者们的成功,给同富人敲响了警钟——"互联网＋"时代已然来临,发展趋势不可逆转,不能再坐以待毙了。

　　于是,2015 年年初,由一直在外贸前线的副总经理何秋艳挂帅,带领 3 名业务员,正式开始在互联网外贸领域开疆辟土。此前,公司虽然建立了自己的网站,也在一些跨境电商 B2B 平台上开通了账号,但由于意识上不够重视,没有投入多少资源和注意力,缺乏系统维护,收效甚微。

"当时我们收回了电商团队原有的外贸客户资源,线下展会一律不能参加,这意味着我们没有退路,只能往前冲。"同富董事长姚华俊回忆道。何秋艳接手后,开始投入全部精力"动真格",注入大笔资金在阿里巴巴国际站上注册了多个账号,将公司 4000 多种产品分门别类一一上网,并将自己公司的网站链接到各个平台账号页面上。

初涉网络,进展并没有想象中顺利。前面三四个月时间,同富的页面无人问津,一笔订单都没有做成。分析原因,主要是产品展示环节出了问题。由于时间仓促,产品又多,上架时就随意拍了照上传,客人看不到实物,只能通过照片判断,当然看不上。随后,公司立即招聘了专业的摄影、美工和制图人员,还在公司里搭建了一个摄影棚,专门用来拍摄产品的展示图,还经常有"外景"拍摄。

经过设计后的"高颜值"图片很快吸引客商的询盘,订单也随之而来。何秋艳还将公司的报关、报检、物流等环节全部委托给一达通外贸综合服务平台来打理,同时开设了信用保障产品。到 2015 年底,他们接到了 200 多万美元的订单,跟线下客户几乎不冲突;2016 年 3 月份,杭州同富跨境电子商务有限公司正式注册成立,从最初的 4 人先锋小组扩展到由 20 名专业人员组成的独立子公司。

成立公司后,同富的跨境电商业务不断发展壮大,每个月都能收到几百条询盘。2017 年 10 月,杭州同富跨境电子商务有限公司更名为杭州同富云商科技有限公司,并按照产品使用场景将团队分为咖啡类、酒类、家居类、户外类,每个品类的主管给予了股份期权作为激励,到 2017 年年底,公司人数达到了 30 余人。

2018 年,同富 B 端销售额 5300 万美元,超过传统外贸的 300 万美元,孵化出了 4 个 VVIP 客户,其中两个客户订单量已经超过了 2000 万美元。值得注意的是,公司传统外贸团队共 140 人,而同富云商团队只有 70 余人。

进阶: C 端 B 端、线上线下、内贸外贸齐发力

2017 年,电视剧《人民的名义》热播,剧中角色达康书记圈粉无数,除了走俏的表情包,同款水杯也受到众多网友的热捧。剧中"达康书记杯"正是出自同富旗下的品牌"TOMIC"。品牌叠加技术研发和制作工艺使"TOMIC"在国内的生意蒸蒸日上,在日韩地区也有一定的市场占有率。

此外,2016 年同富还上线了 A 品牌,发力 C 端,以亚马逊为起点,主攻欧洲、日本、澳洲市场,随后又拓展了户外帐篷、箱包等品类。作为公司 B 端业务的有

力补充,2018年同富C端销售额达到300万美元。"我们计划为新拓展的品类成立新公司,也将进行多平台、多品牌布局,2019年计划上线Shopee、eBay、Wish等平台。"姚华俊表示。

即使如今跨境电商业务量已经超过了传统外贸,同富仍保持着不少传统外贸的习惯。比如每年要去境外国家考察、参加世界各地各种展会,第一时间掌握市场动态。"近期,我们与杭州一家展览公司签署了战略合作协议,接下去的一年将参加他们举办的'一带一路'沿线国家和地区的线下展会,3月初的华交会(中国华东进出口商品交易会)、芝加哥展(美国芝加哥家庭用品展览会),4月的深圳礼品展(中国(深圳)国际礼品及家居用品展览会)、香港电子展(香港春季电子产品展)、中国国际工业博览会我们都会去。"谈起老本行,姚华俊如数家珍。

在姚华俊看来,作为外贸企业开发客户的主流传统方式,展会曾经风光无限,互联网时代的到来又使得线下推广的方式逐渐没落,然而现在行业内又呈现了线上线下融合的趋势,一方面在展会中遇到的电商买家越来越多,另一方面,参加展会可以获取对市场、消费者的直接了解,线上和线下"两条腿",互相补充,要一起迈步走。

蝶变: 以未来的眼光去思考和看未来

贸易变革的车轮正滚滚向前,它不会因任何人的消极缓慢而停止。"用未来的眼光去思考和看未来。"一直是姚华俊制定公司发展战略的决策前提。尽管已经在行业内做到领先,目光长远的姚华俊已经制定了公司下一个三年计划——进行人员升级、产品升级、市场升级和制造升级。

在人员方面,同富将在队伍补充完整的前提下进行扩张,计划今年招满20个平台账号的配置。公司内还成立了云商学院,邀请优秀员工、优质客户、专家等进行分享,共同成长。对高学历人才的招揽则是一直无间断进行的。此外,还将组建信息部门,在智能硬件,二次开发,设备集成,数据采集、分析、挖掘、应用等方面形成人才优势。

在产品方面,同富根据不同场景需求和细分的消费群体不断进行产品迭代更新。研发和设计更多产品,拓宽产品适用的目标消费市场和目标消费人群,给消费者提供更大的可选择空间。眼下,同富已经开发了多款智能水杯,实现了提醒饮水、智能加热、杀菌、显示水温数据等功能。信息部成立后,将加大软件研发投入,使软硬件完美融合。

2017年下半年,姚华俊花了一个月时间考察了东南亚7个国家,12月也考察了消费大国印度。计划投资上亿元的智能工厂也在稳步推进,第一批机器人已经到位,建成后可实现生产全程自动化、控制系统智能化、在线监测信息化。在电脑的信息网络里,每一道生产流程都由机器根据指令执行任务,即便工厂远在衢州,其生产情况也能在杭州总控平台前一目了然。工人虽然减少了,但产能却能翻好几倍,极大地提升了交期准确率和品控力。

都说时代抛弃你时,连一声再见都不会说。"我不希望跑赢了行业,却跑输了时代。"姚华俊最后说。

杭州同富特
美刻家居用
品股份有限
公司链接

二十　杭州金盟道路设施有限公司

井盖卖出世界级,跨境电商功不可没

 **企业名片**

> 　　杭州金盟道路设施有限公司(浙江樱花集团旗下的子公司),是一家集研发、生产、销售、服务于一体的高强度复合材料窨井盖生产企业,创建于 1999 年,占地 10 万平方米,自有资产逾 2 亿元,年生产能力 100 万套以上。已形成一条设计开发—原材料生产—成品制作的完整生产链,是目前国内最大的一家高强度复合材料(W-SMC)窨井盖生产企业,也是杭州市临安区最早走上跨境电商道路的企业之一。

　　随着近年来城市发展,道路不断新建、改造,地下管网日趋复杂。在杭州,一个 1987 年出生的年轻人,在不到 10 年的时间里,将一个濒临倒闭的井盖制造厂打造成了世界排名第三的行业龙头。他的秘密武器就是跨境电商。

　　这位年轻人名叫董成龙,2010 年大学毕业之后,回到了父母经营的企业上班。而当时父亲刚刚收购的这家井盖制造厂正在面临严重的销售下滑。一年的井盖出货率不足 10 万件。董成龙通过跨境电商,打开杭州金盟道路设施有限公司井盖销售的国际市场,把窨井盖卖得令同行望尘莫及,成功进入了美国、澳大利亚、中东和欧盟市场。

他让井盖踏上"数字丝路"走向国际

　　2010 年,金盟道路设施有限公司(以下简称金盟)总经理董成龙开始试着打开境外市场。他早早地抓住了跨境电子商务的萌芽期,建立了自己的产品网站,并配上中英文介绍,又借助阿里巴巴国际站、中国制造等平台,向外宣传、推荐金盟生产的窨井盖。

　　这么笨重的窨井盖也能放到网上卖?当时他的举动并不被人所理解。一位土耳其买家就直接拒绝了董成龙。董成龙说,"境内都讲这个'D',就是讲这个盖子的外径,但境外都讲这个'O',其实指的是底座的尺寸,这是大家的表达习惯不一样,那个客户图纸画给我们以后,也没再联系了,他认为我们太不专业了"。

国际客户的轻视并没有阻挡董成龙的步伐。反而促使他开始去研究欧洲的标准、美洲的标准,任何一种不同的标准,他都逐字逐句地去研究。这给他打开了新的天地。杭州董成龙说,这让我们开阔了视野,发现这个井盖原来还有更多的一些功能需求,包括噪音的问题、井锁的问题,以及180度打开的问题等,这些反而促进了公司对产品的研发和创新。

董成龙还一头扎进了车间,和老师傅们一起,在复合井盖的原料配方上进行改进,使得井盖的承载能力从25吨一跃达到了90吨,并通过跨境电商将产品打入国际市场。

2010年年底,第一个境外订单终于从网上飞来,金盟正式开启了跨境电商之路。此后,通过持续不断的工艺改进和技术研发创新,金盟的产品在国际上的认可度也越来越高。

2015年,整厂通过国际CE(Conformite Eeropeenne)认证,CE标志是一种安全认证标志,被视为制造商打开并进入欧洲市场的护照。在欧盟市场,CE标志属强制性认证标志,要想在欧盟市场上自由流通,就必须加贴CE标志以表明产品符合欧盟《技术协调与标准化新方法》指令的基本要求,金盟是全球第9家通过CE认证的井盖企业,就复合材料而言则是全球第三家,另外两家分别在英国和美国,而金盟则是中国唯一一家。当年公司窨井盖跨境电商B2B销售额达到5000万元人民币,而其内贸销售额只有跨境电商销售额的十分之一。8年间,金盟的井盖出口到了87个国家,年销量近70万件。甚至,澳大利亚的国家标准也参照金盟的技术指标来制定。

运用跨境电商改造升级传统制造业

2015年,由于美元汇率的上升及石油暴跌、人民币贬值等因素导致原材料价格下降,让金盟窨井盖的综合竞争力进一步提高了,"这些利好也帮助我们产值增长,出口业务增长了20%～30%"。通过互联网开辟营销渠道是董成龙的强项,"2015年我们成功突破了美国市场,澳大利亚、中东市场保持增长,欧盟市场平稳"。美国市场的重大突破令董成龙体会很深,"我们早先和美国客户接洽过,但客户已经有供应商了,现在这个供应商出了一点安全质量事故,美国客户主动找到我们,发现我们比几年前更优秀了,于是顺利地合作了"。

作为传统制造业,想要不断的升级创新,董成龙认为技术的研发创新是最重要的,金盟花费几百万元和上海大学合作,进行原材料试验及生产设备的自动化研发。"这套自动化设备已经研发成功,不但可以提高劳动效率,还能有效抑制粉尘,彰显我们对环境保护的决心。"

"杭商新势力"董成龙认为:"我比较年轻,与老一辈企业家相比,在接入互联网+这块可能有些优势。传统制造业与互联网+之间有时是矛盾的,两者的结合会比较困难,需要企业掌门人亲身实践,"董成龙对金盟的未来发展很有信心,"设备有革新,营销渠道拓展了,我们预计增长还是会达到20%～30%。"

不断否定自己,不断去雕琢我们的产品,从外观、从功能、从性能上面做得更好更强。跨境电商让中国的制造业企业更容易进入世界市场,但这同时也意味着制造业企业必须站在国际视野上去逼迫自己不断研发创新,满足不同国家客户的需求。通过跨境电商与境外客户的直接沟通,基于市场需求,不断改进模具设计、产品设计和生产管理,都在推动产品的迭代升级。而这,正是跨境电商改造传统制造业的一个缩影。

杭州金盟道
路设施有限
公司网址

二十一　杭州维高生物科技有限公司

行业弄潮儿借道跨境电商走出新路子

 企业名片

> 杭州维高生物科技有限公司创建于 2010 年,是一家专业经营、生产、研发医药、维生素、氨基酸、绿色添加剂等大健康产品的高科技企业,是行业领先的生产绿色、低抗、健康补充剂的一站式服务商,专注于人类、动物健康领域,坚持持续创新、开发合作与国际推广,旨在呵护人类健康,在食物安全领域提供更科学的解决方案。目前公司业务遍及全球 80 多个国家和地区,为杭州跨境电商标杆企业和阿里巴巴明星客户企业,2018 年被评为中国医药行业最佳国际推广企业 100 强。

一部电影《我不是药神》让我们对"药"有了新的认识。在杭州跨境电商圈,也有一对"药神"夫妇,不过他们瞄准的方向是"兽药"。这对"80 后"夫妇凭借真诚之心,建立供应链,深挖渠道,运用数字贸易,将动物饲料添加剂、微生物预混剂、医药原料药、兽药原料药、食品添加剂等生物新技术产品卖到了全球市场。通过产业延伸、技术改造、品牌升级,杭州维高生物科技有限公司(以下简称维高)逐渐成长为以高科技含量的研发和生产基地为后盾的集研发、生产、销售为一体的综合性公司。夫妇俩一手创办的杭州维高生物科技有限公司已创下年销售额逾数千万美元的优秀业绩,跻身阿里巴巴行业 Top 10,是阿里巴巴的"千万网商"。

维高筹划在俄罗斯设厂,输出先进技术和管理模式,为杭州新制造布局全球打下新基础。"出海的药品非常严格,中国企业需要有自己的商标,以前我们都是靠国外的技术,看人家脸色办事,现在国家变强,我们中国企业也能做到技术输出。"维高的创始人之一吴杰说。与此同时,维高还计划着开启进口业务,从而形成真正的"闭环发展"模式。

维高生物科技的成功打开了药品跨境电商的新思路。跨境电子商务快速发展的背后,其实质是互联网和大数据驱动下的贸易升级、制造升级和产业升级。

"夫妻档"上线跨境贸易

采访当天,维高的男主人晏友成有事外出。从女主人吴杰的描述中,维高的"前半生"渐渐跃然纸上。

老家在湖北的吴杰,毕业后来到宁波,做起了一名外贸业务员,整天和汽车零部件打交道。和晏友成相识后,两人描绘起了未来的蓝图:做什么?在哪里做?两人细细商量,有一点是肯定的,两人都是业务员出身,搞业务没问题,至于做什么行业,吴杰遵循了晏友成的建议,涉足晏友成熟悉的药品行业。最后回到"在哪里做"这个问题,吴杰说:"我一个不当心,被他'骗到'杭州。"

2010年,杭州维高生物科技有限公司成立,晏友成和吴杰白手起家,干起了兽药销售的活,在维高的销售名录中,还有动物营养素、动物饲料添加剂等。

彼时,线上贸易已渐露苗头,然而这一听起来有点虚幻的理念尚未被大众接受。"阿里巴巴的业务员几乎一个星期来三四次,每次来'拉'我们上线经营,"吴杰回忆说,"利用传统渠道做了大约一年后,我们感觉到市场空间越来越小了,转念一想,不如试试开拓网上渠道吧。"

结果,这一试就激起了浪花。吴杰清楚记得,在阿里巴巴国际站的网店才开出,就收到了来自韩国的一笔订单,采购价值10多万美元的货品。

接下来的日子,晏友成和吴杰夫妻俩专心经营网上贸易,两人分工,晏友成主持大局的同时,吴杰几乎承担了其他所有的事务。"我干过单证、报关、采购、行政等,是一个'杂家'。"吴杰说道。

夫妻俩同心协力,维高逐渐在业内闯出了名堂,吴杰夫妻决定扩大产品种类,开发了维生素、动物营养素的产品线。对于维高来说,"出海"刚刚开始。他们不仅要把产品卖给境外客户,更是要打响自己的品牌。通过组建注册认证团队,维高的境外注册品牌"VEGA"在全球50个国家通过了FDA(Food and Drug Adminstration,美国食品和药品管理局)认证,为进一步深耕国际市场打开了新通道。公司已组建了一支50人的队伍,每个人都是多面手,都能独立操作各个跨境电商平台,都能独立接订单,而这支队伍的大部分成员都是"90后"。

供应链整合能力助推"品牌拓市"

维高在安吉入股6家工厂,主要生产低抗生素类兽药和动物保健品。有生产端资源,但是这不是维高最大的特色。吴杰认为,维高的优势在于销售渠道布局。

在维高的产品销售占比中,医药原料、维生素及动物营养素各占 30%,强大的货源支撑来自维高多年来积淀的供应体系。维高和上游供应商的合作主要有两种模式,其一是战略合作,也可以说是"包销制"。公司与 15 家左右的优质工厂建立深度合作关系,这些工厂都具备相应的生物技术产品生产资质。其二是广泛与供应商合作,维高与诸多知名品牌制药企业建立广泛合作关系,凭借自身在新兴市场的开拓能力,与这些药企形成互为补充的合作关系。这两种合作模式的积极推进,也使得维高具备了极强的供应链整合能力。稳定而充足的货源,可控的品质和价格,帮助维高成为在业内颇具影响力的品牌。

毫不夸张地说,现在维高的业务员不愁没有订单接,而是连业务员都觉得接单是一件简单而轻松的事。"新进公司的业务员,往往一个月内就能成功接单。"吴杰坦言,尽管前期建立的过程比较漫长,但是现在在"品牌就是核心竞争力"的效应正一一体现,企业也充分享受着品牌所带来的红利。

对于未来,吴杰希望能在世界各地成立境外机构,通过与代理商、分销商广泛合作,逐步形成辐射全球的市场服务网络。"我们以开放的姿态拥抱'网上丝路',也期待不断裂变的成果。"吴杰说道。

杭州维高生
物科技有限
公司网址

二十二　杭州西秀服饰有限公司

精准定位"数字丝路"，年销百万条连衣裙扮靓全球爱美之人

 **企业名片**

> 杭州西秀服饰有限公司成立于2010年，公司是集设计、生产、营销为一体的知名服饰企业，公司旗下拥有完全自主研发的时尚女装品牌"简约风情"和"S. FLAVOR"。公司以"创造名牌企业，实施名牌战略"为宗旨，以"产品是企业的生命，质量是产品的基础"为经营理念，在全国主要二三线城市建立了较有影响力的直营店、加盟店铺网络。

一条连衣裙，可以让女人艳冠群芳，这是毋庸置疑的。同样一条连衣裙，还可以联动世界，你信吗？杭州西秀服饰有限公司（以下简称西秀服饰）跨境电商事业部做到了。在负责人翁楠的带领下，一群"90后"充分运用跨境电商这一新贸易方式，用一条连衣裙"撬动"全球。

自2016年涉足"数字丝路"，相继在速卖通、亚马逊、Wish等平台开店，短短两年多时间里，西秀服饰的跨境电商年销售额从600余万元一跃飙升至1500余万元。而2018年，翁楠带领团队向年销售额5000万元的高级目标发起"总攻"，按照该公司连衣裙在跨境电商平台的销售均价计算，相当于要将100余万条连衣裙卖向全球。数量听起来有点巨大，可在翁楠看来，"这事儿一点也不难"。为何他如此有底气？只因这家公司摸到了跨境电商的门道。

找准细分领域，高性价比连衣裙扮美全球女性

在西秀服饰的会议室里，靠墙一溜连衣裙，或繁花点缀或圆点相映，随手挑出一件，目测裙长足以匹配"腿长2米8"的高挑美女。"其实这些裙子适合身高在1.65～1.8米的女性穿着，"翁楠说道，"包括上衣在内，整条裙子长度在1.4米左右，裙子板型依据外国女性身材比例设计，上身略微宽大，腰线上提，真正穿起来，裙长盖住小腿而已。"

说起连衣裙,翁楠滔滔不绝,感觉他是服装设计师出身。其实不然,这个出生于 1992 年的小伙子,大学学的是广告专业,曾在电视台实习,若按照寻常路线走下去,他或将成为一名电视编导。但是偶然之下,翁楠和电商结缘,大学毕业后,他联合其他两位小伙伴走上了电商创业之路。

那时"出海"之风渐起,翁楠敏锐地捕捉到了商机,他与合伙人决定要利用已有的服装品牌商优势,从境外市场消费行为入手,瞄准"国际刚需市场"。"我们了解过俄罗斯当地消费特点,三口之家一天的伙食费相当于人民币 20 元。"翁楠透露,"女性消费是拉动经济的增长点,爱美之心人皆有之,即便在条件一般的情况下,女性仍有扮美自己的需求,考虑到连衣裙是女装项下较大的一个类目,所以我们决定只做连衣裙,重点开发融合保守风和沙滩度假风为一体的中长裙,以高性价比打动境外女性消费者。"

方向确定后,西秀服饰很快在女装跨境电商领域独树一帜,仅用 3 个月时间就实现盈亏平衡,第 4 个月便有盈利。随后,结合平台直面终端市场的"窗口"效应和服装工厂生产资源,翁楠和团队建立起一套快速反应的跨境电商供应体系。"我们有一支 10 多人的研发设计团队,每天能推出十几个不同的版式,每一款在花型、袖型等方面各有不同。"翁楠介绍,"公司一个月就能推出 100 多个新款,时刻呼应市场流行趋势,这样也能减少库存。"指着一条红色长款蕾丝裙,翁楠表示,这一款面市两个月已经售出四五千件,而凭借"快反"机制,公司还打造过单款销售破 10 万件的"经典款"。

开拓创新思维整合资源,结盟利益共同体

现在,西秀服饰出品的"简约风情"连衣裙,在以俄罗斯、美国等国为主要销售市场的同时,还远涉欧洲、非洲等地。一件件代表"杭州精致"风范的连衣裙绘就"数字丝路"上的亮丽风景线。

在速卖通平台上,西秀服饰的连衣裙普遍售价 13~14 美元,而且还是全球包邮。"一般走邮政小包,下单后至多半个月内都能送到境外顾客手中。"翁楠说。

销量快速上涨的同时,攀高的物流成本让翁楠和团队不得不正视它们。翁楠透露,单件连衣裙的物流成本占到售价一半。为了降低成本,团队尝试改变物流包装,用单只重量 3 克左右、柔韧性强的包装袋替代原来单只重量超过 10 克的包装袋。这一改变确实收到了一定的成效。尝到创新甜头的翁楠和他的团队便试图整合供应链上下游资源,比如让工厂以入股的方式加入进来,又如将销售

从境外零售端向批发端延伸,扩大订单量,以及利用跑量基础与物流服务商达成"共享专线"的合作模式,西秀服饰的跨境电商团队渐渐地和上下游各方形成了"利益共同体",一同分享"数字贸易"带来的福利。目前,西秀服饰正在筹备俄罗斯的海外仓,万事俱备后,必将迎来西秀服饰的又一个发展高峰。

当然,发展跨境电商,人才是至关重要的。翁楠的团队规模现已成倍扩大,仅运营岗位就有 16 人,且都是"90 后"。"别小看了这股新生力量,他们可是运营、客服样样来,每个人都能独当一面。"说起爱将,翁楠颇有些自豪,西秀服饰有效地放大了人才效益,也为同行树立了样本。

"内部培养人才很重要,外部交流同样能获得新思路。"翁楠如是说,作为落址余杭的服装企业,西秀服饰与子不语、森帛、子午线等同行抱团,互相交流,共谋发展,一起打开跨境电商的新通道。

杭州西秀服饰
有限公司链接

二十三　山臣家居（浙江）有限公司

"扬帆出海"谱写跨境贸易之歌

 **企业名片**

山臣家居（浙江）有限公司（以下简称为山臣家居）是一家集设计、采购、出口、跨境电商为一体的多元化美资公司，业务发展至今已超过 20 年历史。中国总部位于杭州，在北京、上海、杭州等地设立了多家分公司。凭借自主设计的供应链管理软件及全球化办公系统，成为一家无地域限制、可网上办公的现代化企业。经过多年发展，山臣家居年销售额已过超 5 亿美元。山臣家居借助于在家居行业的领先优势，业务领域已拓展至跨境电商，实现线上线下同步销售。作为家居行业的领先者，山臣家居将致力于与全球消费者共享时尚家居。

如果你是北欧或者美式风格的"忠粉"，那么一定不能错过山臣家居。在 2018 年中国电博会上，山臣家居被誉为"网红电商"。

从一家专注于服装的传统制造业到从事家纺、家居用品设计的公司，再到亚马逊"全球开店"成功进入欧洲五国线上市场，山臣家居用几年的时间便做到了。2016 年，山臣家居"扬帆出海"，走上了跨境电商这条外贸转型之路。不同于以往为境外线下连锁和高端零售店提供代工产品的模式，借助跨境电商，山臣家居打造了自主品牌，专门为欧美众多线下连锁及高端零售商直接供货，取得了年出口额超 5 亿美元的业绩。

短短 4 个月进入欧洲五国市场

"服装相对来说体量小，更新快，也需要从业者灵敏的潮流嗅觉，而家纺家居是近年来的新鲜产业，也更容易从单一模式做到全覆盖。"山臣家居总经理金磊于 2012 年成立了山臣家居，主要从事北欧和美式风格的家纺、家居用品的设计、研发与制造。

作为美国 E&E 公司的中国独家采购代理商，山臣家居为美国众多线下连锁与高端零售店直接供货,不过,卖白牌的模式极大地制约了企业的进一步发展。在传统制造业的"凛冬"到来之前,山臣家居及时调整战略,顺应市场变化。

2016年10月,山臣家居有了试水跨境电商、打造自主品牌"SCM Home"的想法,也开启了与亚马逊的合作。当时,亚马逊"全球开店"与中国(杭州)跨境电商综合试验区开展合作,积极推动杭州出口跨境电商发展,并优选出100家优秀企业进行重点扶持,山臣家居正是其中一家。趁着政策利好,山臣家居开始与亚马逊"全球开店"积极沟通,短短四个月,就借助亚马逊平台成功进入了英国、德国、法国、意大利、西班牙等欧洲五国市场。

不过,"扬帆出海"也并没有想象中那么容易。金磊说,欧洲五个国家都分布了分销仓库,如此一来,物流成本高就是企业需要面对的一大痛点。此外,目的地国家贸易法律变更快、小语种人才紧缺、产品通用性难定等问题都可谓是"出海"途中的狂风逆浪。

"家纺产品在不同的国家都有一定的特殊性,这就需要企业在通用性上下功夫。比如说,五个国家棉被尺寸不同,那么企业就需要在产品不通用的基础上做一些取舍。"金磊透露,想要迅速在欧洲五国上线,也需要靠"对其胃口"的产品,"俘获"这些客户的心。"像英国人就不喜欢花哨,而喜欢素雅风格的家纺产品;德国人则特别严谨,对'舒服'一词有自己的定义,不会将就。这些因素都需要企业提前做好攻略,才不会'踩坑'。"

2017年9月,山臣家居充分利用亚马逊平台的优势在亚马逊美国上线,成为其进一步拓展美国线上市场的有力措施。

跨境电商竞争与机遇并存

金磊将山臣家居转型跨境电商的过程归结于三个阶段。第一阶段,是以最快的速度"乘风出海"开店。第二阶段,是通过捕捉消费者的喜好,提高出单率。在这个阶段,山臣家居派出了研发人员去目标国参展、逛当地市场,也从发达的互联网平台找寻各大热度靠前的产品。第三阶段,则是增加市场份额。

"选品的时候新品也会有淘汰,如此一来,就需要企业通过对产品颜色、型号、功能性等方面深度挖掘,开拓境外市场。"金磊说,竞争与机遇并存,最终起决定作用的还是产品本身。

山臣家居深谙产品是企业发展之本——从研发到生产再到检测,始终把生产消费者满意产品的理念放在首位。

在欧洲,山臣家居拥有常驻英国的专业设计团队,精准把握欧洲市场流行趋势,从材质到花色,都能根据欧洲不同地区消费者的偏好对应设计生产。而在检测方面,山臣严把质量关,将产品的抽检率由此前的 20％提升到了 50％,以从源头把控产品的质量。这些成为山臣家居得以在欧美提升销量的先决条件。

山臣家居在欧洲市场仅用了一年的时间,便从 2017 年销售额不足 40 万欧元增长到 2018 年的 300 万欧元,足足增长了 6.5 倍。美国市场的跨境电商业务拓展也丝毫不落后,销售额从 2017 年的 5000 万美元增长到 2018 年 6000 万美元。

金磊坦言,市场迅速拓展的优势是积累了很多平台上的客户评论和反馈,这些是提升产品最实用也是最宝贵的意见。而对于跨境电商来说,C 端的客户最稳定,目前棘手的是尽快把品牌拓展到整个美国市场。“这场博弈,风险与收益并存。”

山臣家居有 100 多家厂商长期供货,如何在跨境电商之路上走得更远,金磊说,还需要企业的产品优势和本身的研发能力,再将好的供应链和产品进一步整合。“杭州有浓厚的互联网氛围,相信在未来大数据普及的情况下,也许有机会将业务拓展至'一带一路'国家和地区。”

山臣家居
(浙江)有限
公司网址

二十四　杭州凯特电器有限公司

品牌＋智造,踏出"互联网＋出海"的新"丝路"

 **企业名片**

> 杭州凯特电器有限公司创建于 1992 年,位于建德市三都镇工业功能区,占集地面积 20 余亩,拥有整洁宽敞的厂房和现代化的办公场所,是一家大型的集生产、制造、销售于一体的出口企业,年出口额 1.5 亿元以上,主要生产各类 UL 认证电源插座、转换器、电瓶夹、室内外延长线等产品,产品主要销往美国、墨西哥、加拿大等国家。

一款带 wifi 功能的两孔智能插座,扛起境外自主品牌大旗,从杭州出发,沿着"网上丝路"来到美国,依托"互联网＋智造"出海后,"身价"也从传统外贸渠道的 6 美元一跃升至 20 多美元。2017 年上线亚马逊两周后日销即突破了 1000 美元。

数年积累,一朝迸发。走高的售价,让杭州凯特电器有限公司(以下简称凯特电器)尝到了借由互联网"出海"的头口水;直抵境外终端市场、销售渠道的改变,更让凯特电器看到了未来的无限可能。

杭州凯特电器已成为亚马逊排名前 20 位供应商。凯特电器是众多正在经历转型升级的传统企业的缩影。凯特电器发展的轨迹,不仅折射出"杭州制造"从"质造"再到"智造"的华丽转身,更加彰显出跨境电商对出口企业发展的巨大推动作用。

从"制造"转型"质造"

杭州凯特电器有限公司创建于 1992 年,生产各类 UL 认证电源插座、转换器、电瓶夹、室内外延长线等产品,产品主要销往美国、墨西哥、加拿大等国。

用凯特电器掌门人洪常青的话来说,20 世纪 90 年代末,在当时那个低价而无序的市场环境下,凯特电器的生存空间受到严重挤压。

改变,不容置疑。"从 2000 年起,我们又一次从零开始,"洪常青回忆道,"首先从产品升级开始。"

引入美国 UL 标准,生产各类 UL 认证插座等产品。熬过最初的阵痛期后,到了 2003 年,凯特电器以贴牌生产为主,通过外贸代理将产品出口美国,年销售额五六百万元。

之后,态势向好,销售额逐年提高。2008 年之后,凯特电器迎来了快速发展期,年销售额达 4000 万元。

2006 年的时候,凯特电器只有一个外贸业务员,业务的开拓主要依靠参展。

经过历年实践,结合产品特性,凯特电器的目标市场也越来越清晰——直指北美市场。

"走出去,到美国参展去。"这也是当时凯特电器的目标。

随着经济全球化的发展,市场竞争愈加激烈的同时,市场体系也愈加透明。因为中间商的存在,利润空间被挤压,成本上涨的同时却走不出低价竞争的怪圈,传统出口的痛点显现。

与此同时,网络贸易日渐兴盛。洪常青率领凯特电器果断拾起新技能,力拓电子商务新渠道,由此也为凯特电器的持续向前打开了新局面。

"杭州智造"通过"互联网+"蜚声境外

就在凯特电器稳步前进之时,一股"互联网+外贸"的红利洒向杭州。跨境电商成为杭州产业发展的又一张金名片。

眼前所见加上耳畔所听,再加上自己对全球市场的预判,洪常青决定,尝试换个方式"出海",运用互联网+各种有效资源,开辟境外自主销售渠道。

机会总是留给有准备的人的。深谙其理的凯特电器,虽跃跃欲试,但是更加注重稳扎稳打。

凯特电器首先组建了跨境电商团队,在亚马逊上开通北美站的账号。更关键的是,基于前车之鉴,特别注重产品原创性和标准化的凯特电器,针对北美市场,推出智能插座,并在美国注册了商标"KMC"。

这里还要提一个小插曲。在如何让插座智能起来这件事上,凯特电器的研发团队已经攻关了 5 年。供向美国市场的智能插座也是经过反复试验后上线的。

凯特电器借由亚马逊起航,KMC wifi 插头从 3 月 29 日出第一单,到 4 月底已经出了 187 单,销售额超过 4500 美元。凭着 2 个 SKU,凯特电器交出了半年累计营业额超 100 万美元的抢眼成绩单。

这样的"半年红"让凯特电器倍感欣喜,同时也悟出一个原则,通过跨境电商卖产品,品牌、选品都很重要。凯特选出的 20405 插座和 70011 插头的优势是它们属于智能家居产品,产品附加值高,有一定的技术含量,迎合了北美市场。有了自主品牌,就有了自主定价权,利润可以是传统产品的好几倍。

纷至沓来的境外订单,让凯特电器下定决心,优中选优,在原有客户群中进行筛选,以便腾出力量来发展跨境电商。"36 小时成交 4609 单,实现销售 9.66 万美元。"上线亚马逊平台一年多的杭州凯特电器有限公司在亚马逊 Prime Day 再次取得令人瞩目的佳绩。仅一个月里,凯特电器就有价值 300 万美元的产品通过"网上丝路"运抵美国终端市场。

"2018 年我们在亚马逊上的销售额将突破 500 万美元。"从 B2C 到 B2B,从中间渠道到终端市场,凯特电器已经盘算着要去美国设立公司,以北美为支点,着眼"一带一路",辐射全球。"哪里有需求就往哪里冲。"要在最前端的市场,发出属于"杭州智造"的洪亮之声。

杭州凯特电器
有限公司网址

二十五　杭州亮亮照明有限公司

平台、渠道、供应链、品牌多管齐下，传统外贸借道跨境电商迅速腾飞

 企业名片

杭州亮亮照明有限公司是一家集研制、开发、生产和销售为一体的专业化电光源节能灯及LED(light emitting diode,发光二极管)生产制造商。公司两大主打品牌"TORCH"和"CTORCH"在国家商标总局及世界上其他48个国家申请注册以上商标并且获得核准注册或公告。公司被中国质量协会和中国质量认证中心评为"中国节能灯30强企业""中国质量诚信企业""国家重点保护单位"，公司的产品远销欧洲、美洲、中东及东南亚等国家和地区。

从迪拜洞察国际市场

杭州亮亮照明有限公司(以下简称亮亮照明)成立之初，以内贸为主，还没有找到自己的产品特色，起步颇为艰难。从2003年起，国营外贸公司纷纷转制，许多私营外贸公司如雨后春笋般冒出来，这些企业揭开了"与老外做生意"的神秘面纱。

企业董事长汪祖平介绍，刚开始他们的出口交易产品仅局限于欧洲市场，利润微薄，在外贸出口方面还没有摸出门道。偶然一次机会，他在一个做外贸朋友的介绍下，参加了在阿联酋迪拜的一个照明产品展会。"当时胆子真的蛮大，一句外语都不会说，我就一个人去了迪拜。"在当地雇了一名翻译后，汪祖平开始充满热情地孤身闯荡起迪拜市场来了。一段时间下来，他发现当地的市场贸易非常活跃，很多产品都是现场买卖的，类似于义乌小商品市场，对照明产品的需求也很旺盛。再加上迪拜得天独厚的地理位置，可以直接辐射到整个中东的贸易市场，除了海湾六国外还能影响到邻近的伊朗、伊拉克，甚至可以把货销往印度、土耳其等国，以及非洲、东欧等地区，轻易直达欧亚非三大洲。从迪拜回来之后，汪祖平马上招聘了一批外贸人员，抓紧时间培训、布局，着重发展外贸业务。

2004年,亮亮照明在迪拜这个中东地区最大的商品集散地建立了销售窗口,成立了亮亮照明阿联酋办事处,成为临安区第一家在迪拜"吃螃蟹"的企业,汪祖平也被临安区政府任命为中国临安驻阿联酋迪拜经贸投资联络处主任。

从迪拜起步,亮亮照明通过良好的品牌营销、过硬的产品质量,业务做得风生水起,联系客户、接订单、售后服务、产品展示等一系列工作有序开展。在汪祖平看来,一家以外贸出口为主的企业,销售才是真正的龙头。他常感言,企业没有技术可以找人,没有厂房、设备可以租赁,但是没有订单就没有直接的生产动力。

伴随着对新兴市场开拓和对新客户群培养的需求日益旺盛,亮亮照明不断加大在全球范围内的市场开拓力度,脚步遍布五洲四海。迪拜办事处建立后不久,企业又看好了非洲国家的发展潜力。位于东非的坦桑尼亚,是一块以农业经济为主的处女地,有金刚石和黄金开采、纺织、电力等工业,虽然当地经济并不是特别发达,但节能灯产业尚处于起步阶段,对于节能照明产品的需求并不比发达国家少。于是,在前期做好走访大量客户、勘察销售工作的基础上,2009年,亮亮照明在坦桑尼亚开设了销售窗口,成为临安市在非洲开设的第一家外贸销售办事处。

让传统外贸插上互联网翅膀

在全球LED和节能灯行业出现较大下滑的总体情况下,亮亮照明的销售量还能一路"高歌猛进",实现外贸销售5000万美元,其中跨境B2B销售额800万美元,占比达到了16%,自主品牌销售额占比达90%。亮亮照明在6个国家设立了办事处和分公司,并且有15个国家级总代理。

在行业颓势下,亮亮照明凭什么实现快速发展?"一个重要原因就是我们触网比较早,并在10年前就在境外注册了企业品牌TORCH。"亮亮照明董事长汪祖平总结道。

亮亮照明原来是一家以传统外贸为主的生产型企业,主要产品为LED和节能灯。

早在2007年,亮亮照明就选择入驻阿里巴巴国际站,通过这个平台进行品牌宣传,快速对接了境外客户,减少了不必要的中间环节,直接掌握了订单来源。

营销,是亮亮照明获得订单的一大法宝。互联网技术的迭代更新,为亮亮照明提供了精准营销的平台。为了让品牌更多地曝光在境外客户面前,他们尝试通过搜索引擎的关键词排名联盟广告和当地本土语言的行业平台进行推广,让潜在客户可以用最直接、简单、低成本的方式获取企业信息。

而境外社交媒体的普及，也为他们的品牌推广贡献不少。亮亮照明很早就以公司为主体，在全球范围内各大社交、媒体平台上开通企业账号，如 Facebook（脸书）、Twitter（推特）、Youtube（优兑）、LinkedIn（领英）等，并且由电商部专门的小组来负责这些社交媒体的内容维护、品牌宣传、询盘信息、售后咨询、活动互动等。同时也鼓励外贸部、电商部的人员以"个人链接企业"的形式在各种社交平台上开通账号来寻找新客户、维护老客户。

"抓大不放小"，是亮亮照明另一明智的经营策略。在做大 B 端的同时，亮亮照明还积极筹建运营团队，开拓直接面对消费者的跨境电商零售出口市场；利用企业原有的境外办事处仓库和代理商仓库建设海外仓，减少物流成本，缩短交货时间，拓展终端客户，真正把 C 端做强。

对于互联网外贸企业来说，平台、渠道、供应链、品牌的作用虽然重要，但是产品的质量最关键。亮亮照明通过构建上线产品信息跟踪的"物联网"项目，对产品售前、销售过程及售后进行全程跟踪和监管。凡是购买亮亮照明产品的客户，只要通过二维码扫描就可以查询到生产全过程，这样既可以提高产品认知度，又可以作为一种很好的品牌防伪技术，用户通过二维码还可以向企业及时反馈信息，根据客户需求改进产品和服务。

趁早抓住了互联网发展机遇的亮亮照明，收获了先行者的红利。亮亮照明是临安跨境电商园第一批入园企业之一，汪祖平也被选为临安跨境电子商务协会会长。"这些年的上线实践，让我们深深感到，互联网外贸是大势所趋，如不抓住先机，等到大家都去做了，再来触网，就为时已晚。"汪祖平说，"我将和协会会员企业一起，做好跨境电商 B2B 发展的先行者和探路者，为广大跨境电商企业积累经验，提供帮助。"

杭州亮亮电子照明有限公司网址

二十六 杭州中艺实业股份有限公司

推动户外家具搭上跨境电商快车精准出海

 企业名片

> 杭州中艺实业股份有限公司成立于1999年,年出口额2亿多美元,拥有两家产值过6亿元的自有工厂。公司自2015年开始就以自建团队为主,外部服务商为辅的路线摸索跨境电商之路,以欧美为主要目标市场,以亚马逊为产品销售平台,以海外市场为核心,主要销售地区为欧美国家。公司产品广泛应用于家庭庭院和露台、餐馆、酒吧、海滩、公园及酒店等众多户外休闲家具应用场所。

点击鼠标,身在欧美国家,也能买到来自中国杭州的户外家具、野营用品?杭州中艺实业股份有限公司(以下简称中艺实业)告诉你,这是真的。

自成立以来,中艺实业便将目光瞄准境外市场,该公司研发的一套名为"科尔多瓦"的藤编家具曾在欧洲约40000个家庭中风靡,而这套看上去时尚且颇具艺术感的家具,当时的购买金额为199欧元。

"我们对目标销售国家的市场特点、采购习惯有精确了解,甚至零售商的价值主张我们也会考虑在内,比如物美,他们的采购主张就是'物美价廉'。"中艺实业相关负责人说道。

历经多年实践,中艺实业在立足境外市场的基础上,着力打造高效柔性化电商服务,让家具也能搭上跨境电商快车"出海"。"产品为王、效率优先、唯快不破。"这也是中艺实业实践后得出的跨境电商"秘诀"。

抱着试错的态度跻身跨境电商, 历经三年从亏损到盈利

决定涉足跨境电商之初,中艺实业市场部相关人员进行了深入的市场调研,花费近半年时间,研究市场前景、选定产品、了解境外注册公司的政策风险、税收合规性、货物物流方式、成本测算等问题。综合结论是跨境电商对于户外家具品

类是一个增长迅速且利润丰厚的渠道。尽管当时其实还有管理方式等内容没有摸索清楚,但是抱着勇于试错的态度,中艺实业在 2015 年年底开始了首批以跨境电商方式运营的产品的尝试,并在当年实现销售。

2016 年虽然运营粗犷,以业绩为导向,但丰厚的利润让粗糙的管理显得无关紧要。当年实现了盈利,但随后的风险也十分明显。由于业务快速增长,当年销售频繁出现了断货的情况,在 2016 年中后期,为了 2017 年销售业绩的增长,中艺实业与分销商制定了更大胆的备货计划,结果导致 2017 年全年库存失控,同时当年部分产品的竞争越来越激烈,利润空间迅速缩小,让当年跨境电商业务损失惨重。

2018 年痛定思痛,中艺实业从选品开始优化内控管理,提高管理效率,以数据化管理为基础,引入管理软件、零售供应链管理方法等手段,控制运营风险。三年运营经验告诉中艺实业,电商不缺乏销售的能力和手段,这些市场已相当成熟且成体系,电商真正缺的是好的产品及高效的供应链。好的产品如能源源不断地供货,打造热门、打造爆款,市场遇冷的产品如能快速淘汰并控制库存滞销风险,跨境电商业务就能稳中求进。2018 年当年中艺实业迅速实现扭亏为盈,销售依然保持了 200% 以上的增长速度。

每项准备投产的设计都要经过四个维度的评审,通过跨境电商境外消费者获得了解中国优品的新渠道

随着消费升级时代的来临,消费者更愿意体验原创性高、品质高的商品,除了境内品牌,消费者也在逐渐接纳境外商品,而跨境电商的出现则实现了消费者的这一愿景。消费者愿意通过多渠道获得自己满意的商品这一消费心理,给予了跨境电商更大的动力。

中艺实业的设计团队一年研发出的产品超过 300 套,正式投产的有 200 多套,算下来设计成交率达到 80%。且这几年,研发精准性逐渐提高。中艺实业认为,如果一个产品的利润率最终受市场、竞争等多种因素的影响,那么,让设计出来的产品更多地投入市场、被用户接受,则是提高设计效率、降低成本的更有效方法。除了精细化营销外,他们还拥有一套科学的评审体制,任何一个准备投产的设计,都要经过价格、功能、外观、生产这四个维度的严格评审,只有这四个方面都有优势的才能投产,"到现在这个阶段,已经不是单纯的客户需求占主导了,而是由我们去引导客户买什么样的产品"。中艺自主研发的产品占到了总出口产品的一半以上。中艺实业出口的户外家具、太阳能灯、野营相关产品占据了

中国"户外休闲用品"出口市场的重要份额,在欧洲、美洲、澳洲等境外市场树立起良好的口碑和品牌形象。

另一方面,跨境电商已经经过了盲目投入、疯狂砸钱的时代。精细化运作以降低每个产品0.5%的费用,最终方可收获1%的利润。如此累积起来的利润才能在激烈竞争中良性发展。当前最重要的是强化信息化管理,打通物流、信息流、资金流的通道,这样能在未来更高效和风险可控地发展电商。

"作为境内户外家具领域主要的供应商和出口商,中艺电商作为传统贸易转型的重点项目,与传统贸易相比较,两者却天然互补。电商的多品种小批量恰恰是传统贸易的软肋,但市场未来的机会就在柔性化的供应链中,谁能更快实现高效柔性化,谁就将赢得未来制造业、新零售战场的胜利。"冯秋君说。

杭州中艺实业股份有限公司网址

二十七　勇华电器

跨境销售额突破 1000 万美元,跨越式增长的背后是产品与人才

 企业名片

勇华电器有限公司(以下简称勇华电器)位于古镇梅城工业开发区,占地面积达 20000 平方米,厂房 15000 平方米,现有职工 500 余人,拥有各类专业技术人员 120 人。公司具有先进的测试设备及工艺技术和雄厚的机械制造、模夹具开发能力。公司专业化生产 YH 系列产品,有干燥器电源连接线、电源延长线和电瓶夹系列产品,其中干燥器电源连接线等产品已获美国 UL、澳大利亚 SAA (Standards Association of Australian,澳大利亚标准协会)认证,产品远销欧洲、亚洲和美洲。

朱国强这段时间比较忙,一直在美国布局公司在北美市场的运营。朱国强是浙江省建德市勇华集团副总经理,而勇华电器则是建德本地 B2B 出口百万美元和 B2C 出口日销千美元甚至万美元的跨境电商标杆企业,属于当地的龙头企业。其旗下子公司勇华车业是自行车及电动车等脚蹬行业的佼佼者;另一家子公司勇华电器是汽车电缆线、电瓶夹全国领先的研发生产企业,承揽了该集团目前主要的跨境电商出口业务。

2015 年,勇华电器出口 1500 万美元,其中通过跨境电商出口实现营收 100 万美元左右。2016 年 1—6 月,勇华电器实现出口 900 万美元,其中跨境电商出口 280 万美元,是去年的 2.8 倍。2018 年,勇华电器在亚马逊平台销售突破 500 万美元,公司整体跨境销售额更是突破了 1000 万美元。

勇华电器跨境电商业务将如何实现跨越式增长?产品和人才始终是朱国强最为看中的。

产品为本：从"借鸡生蛋"到品牌塑造的良性蜕变

产品是企业的生命线。52 岁的朱加勇是朱国强的叔叔,也是勇华电器的创始人。朱加勇祖籍温州,其骨子里亦流淌着温州人吃苦耐劳的品质。

1988 年,只有初中文化的朱加勇,带领 5 位农民,靠一台注塑机,几千元流动资金,租用一间民房,白手起家,开始了艰苦的创业。最初,没有一名熟练的技术工,也没有一个跑过业务的营销员,朱加勇亲自上阵,凭着一股勤学苦钻的拼劲,带领大家攻克难关。那时候,常常因修理机器通宵达旦,为业务磨破嘴皮,就这样,一步步掌握了注塑机操作工艺和修理技术,一点点扩大了加工业务。

由于没有市场知名度,1994 年朱加勇借用"五星"的牌子,进入自行车脚蹬行业,并凭借产品质量逐渐赢得了客户的信任。像朱加勇这样"借鸡生蛋"的厂家,面临的严峻问题是——共同借用一个品牌,产品质量参差不齐,因为个别工厂的质量问题可能连累整个品牌下的生产商。一些挂着"五星"品牌的脚蹬产品爆出质量问题,遭遇客户退货,朱加勇的工厂遭受无辜冲击。他开始认识到产品质量是企业的生命,一个企业假如没有过硬的产品质量,没有好的质量信誉做基础,企业在市场上就无立足之地。

2000 年,朱加勇创立"勇华"品牌。通过千方百计地努力,开发出独具卖点的产品,完成了从产品加工到品牌塑造的转变。此后,通过增加先进设备,提高研发能力,提升产品质量,提升售后服务水平,企业的知名度日渐提高,老客户群得到了巩固,新客户不断找上门来,勇华电器进入了一个良性循环的轨道。

做强做精企业的基本功：人才＋品牌＋技术

2008 年以来,随着国内外经济形势的变化,民营中小企业遇到了前所未有的困难。从企业自身来说,一个不容忽视的内部原因在于:企业管理粗放,习惯了低成本竞争而不去从根本上提升产品的综合竞争力,导致产品科技含量低、附加值低,缺乏竞争力。面对严峻形势,朱加勇冷静分析市场走向和自身状况后,提出了"做大企业,必须先做强企业,做精企业"的发展思路。朱加勇、朱国强叔侄在稳定境内业务的同时,将人才、技术、管理与国际接轨,逐渐将业务重点从境内市场转向境外市场,通过跨境电商业务推动企业的转型升级。

明确了转型方向后,朱加勇、朱国强叔侄不遗余力地招募业务需要的人才。一方面,朱加勇亲自挂帅,招聘有外贸经验的人才,拓展境外市场;另一方面,

2007—2013 年，朱国强在美国留学，利用这一机会，在芝加哥招募国际化人才，筹建勇华电器在美国的办事处。

为了打开国际电线市场，在资金紧张的情况下，朱加勇毅然做了美国 UL、澳大利亚 SAA 的国际认证，获得进入欧美市场的通行证。与此同时，在美国留学的朱国强注册了境外品牌 EPICORD，这是一个汽车电缆线、电瓶夹品牌。经过三四年的发展，EPICORD 现在在北美地区拥有一定的知名度，"在行业里可以排名前五"。目前，北美市场已经占到勇华电器境外销售总额的 95%。

勇华电器投入大笔资金，引进先进生产设备，引入关键岗位的技术性人才。现在勇华电器各类专业技术人员有 120 人，占到公司员工总数的 1/5。通过改进生产设备、扩充技术团队、优化生产管理水平，使得产品的稳定性、附加值和竞争力得到大幅提升。

通过对人员、技术、设备、市场、品牌的一系列调整，在周边一些同类企业处于极度困难的前三四年，勇华电器获得飞速发展。

升级进化：海外仓建设，推动公司从 B2B 到 B2B2C

借着前期飞速发展的势头，2010 年，朱国强在美国设立勇华电器全资子公司，并在芝加哥启动海外仓建设，以此为支点，吹响了深度开发北美市场的号角。

在传统外贸模式中，出口货物运到港口，一单生意就基本结束了，对制造企业而言，进口商要贴什么牌、卖给谁，他们是完全不知道的。但是现在，北美本土化人才团队运营的海外仓线下体验店、终端店的经验，以及物流清关优势，为勇华电器海外业务打通了线下线上全渠道。

目前，杭州正重点对跨境电商 B2B 交易闭环及相关配套制度创新进行探索和实践，而要做好 B2B 乃至 B2B2C 跨境电商，海外仓尤其是公共海外仓的建设和利用是关键。勇华电器设在美国芝加哥的海外仓，从自用为主转向公共仓，可以为合作入驻企业提供清关、仓储、物流、配送、收汇、售后等一条龙服务，现在已经是杭州市级跨境电商公共海外仓建设试点，吸引了三四十家杭州企业入驻。

芝加哥海外仓推动了勇华电器北美业务快速增长。如今，北美市场已经占到勇华电器海外销售额总量的 95%，2018 年，公司在亚马逊平台销售突破 500 万美元，整体跨境销售额更是突破了 1000 万美元，这个成绩很大程度上要归功于 B2B2C 出口业务。

2018 年，勇华集团重新布局了 B2B2C 出口业务。B2B2C 业务的收益要比 B2B 出口业务高出 2 倍以上。"B2B 的利润可能只有 5～8 个点，而 B2B2C 的利润可能有 20 个点以上。这中间的利润,主要是渠道商赚了。额外的利润,来自于对 C 端的服务,有了海外仓,可以把对 C 端的服务做得更好,优势就体现出来了。"

海外仓解决了跨境电商出口企业"最后一公里"的问题,为勇华集团旗下业务全面向跨境电商转型提供了强有力的保障。

通过勇华电器打通跨境电商通道之后,朱国强开始谋划将集团旗下子公司勇华车业的脚蹬业务也搬到跨境电商平台上,主要依托阿里巴巴国际站、环球国际等跨境电商平台进行全球销售。

勇华电器有
限公司链接

二十八　杭州圣德义塑化机电有限公司

年销售额 2000 万美元,这家企业把跨境电商生意做得风生水起

 企业名片

杭州圣德义塑化机电有限公司成立于 1990 年,公司占地面积 50000 平方米,现有员工 500 余人,拥有各类专业人员 85 人。公司具有先进检测设备及生产工艺,以及雄厚的技术机械制造力量,是一家专业生产螺丝批、组合工具、电瓶夹、UL 认证电缆料和旋具料等产品的企业。

从传统 OEM 生产做出口到转型搭建自有品牌做跨境电商;从布局海外线下市场到推进线上模式;从整合国内优质工厂资源打通线上线下渠道,再到独立运营海外仓……不得不承认,张毅对于市场风向的变化总是有着敏锐嗅觉,也将自家企业的跨境电商生意做得风生水起。

"80 后"的张毅是杭州圣德义塑化机电有限公司的总经理,还很年轻,但已经工作 16 年了。他的父母都是建德本地的上辈企业家,在 25 年前开创了一家主营螺丝批工具生产、销售的工贸企业——杭州圣德义塑化机电有限公司(下文简称圣德义),他是现任总经理。

彼时,圣德义还是一家以螺丝批为主要产品,主要做贴牌生产的传统生产型企业。但是从 2002 年开始,圣德义积极打造自主品牌,到 2007 年开拓境外市场将产品卖出国门,再到三年前确立"跨境电商＋海外仓"模式,圣德义走出了一条线上与线下结合、境内与境外同步拓展的跨境电商之路。其跨境电商销售额也从 2015 年的 500 万美元增长至 2018 年的 2000 万美元,占公司整体销售额的 60%,成为杭州跨境领域当之无愧的先行者。

品牌战略： 从 OEM 到做自主品牌

建德是有名的"旋具之乡"，张毅的父母亲早年都是从事机械制造和塑料化工加工行业的，为生产五金工具的厂商提供塑化原料。2000年，在父母支持下，张毅开始创业，但他不再像父母一样为厂家提供材料，而是自己做螺丝批等五金工具，并开始从内销转向外贸。

圣德义的模式还可以简单解释为"工贸结合"，即是工厂又是贸易商。但是，据介绍，圣德义的工厂端只做产品的最后一道工序，75%～80%的加工工序都交给江浙一带优质的工厂生产。

"圣德义将来只做渠道和研发，其优势是开辟线下的 B2C 渠道。对于工业制造，圣德义将精力放在整合资源上，将建德、杭州、江苏等地优质的工厂产品推广出去。在跟工厂合作的时候，圣德义只负责产品的设计理念、研发及销售这三部分，但是最终品牌依旧是圣德义的自主品牌。"张毅表示，"这样的模式也可以让专业的人来做专业的事。"

与大部分同类企业一样，张毅的工厂刚开始走的是 OEM 的道路，但这一模式存在着太多不确定性。"订单来时，工厂就忙不过来，多的时候甚至交不出货，但等到把工人、设备等都配置上去了，订单又没了。你永远也不知道，生产完这单，下一单会不会落在你头上。"张毅说。

为了摆脱这种"受制于人"的局面，真正把握议价权和主动权，并提高企业的附加值，张毅下定决心走品牌化道路。

从 2004 年起，张毅先后在境内外注册了 SEDY（圣德义）、ETERNAL、NORVSAYP 三个品牌，打开了低中高各个档次的品牌市场。"基于品牌战略，我们从单一的生产型企业发展成工贸结合的企业。现在，除了一部分自主生产的产品，有 80 多家建德企业为我们生产贴牌产品，贴的就是我们圣德义自己的品牌。"张毅补充道，"在不久前，圣德义又注册了两个品牌送审，并打算通过这两个品牌拓展其他品类。"

触网转型： 从做外贸到深耕跨境电商

与境内许多传统外贸转型跨境电商的企业略有不同的是，圣德义"触网"的起点，从是澳大利亚开始。

2009 年，张毅的父母移民到了澳洲。此前，圣德义已经以当地华人超市为切入口,开辟了澳大利亚市场,并在澳大利亚注册成立了子公司。但是,由于对外国人的购物习惯和消费模式不了解,在很长一段时间里,实体销售举步维艰。

一次偶然的机会,张毅了解到网络购物这一渠道,由此打开了他通往互联网商业世界的大门——2013年,圣德义澳大利亚子公司在eBay上注册了第一个账号,正式开启了跨境电商之路。

与大多数在平台上运营成功的企业一样,张毅非常重视店铺整体包装设计和品牌形象建设,在厂区内自设了摄影棚用于产品拍摄,每年还至少要花费三四十万元用于聘请专业美工人员。"我们的店铺不用平台提供的模板,都是自己开发的,请专业人员写的代码。"这使得圣德义和平台上其他成千上万、千篇一律的店铺形成区别,给消费者留下深刻的品牌印象。

3年间,圣德义先后在eBay、亚马逊、Wish、速卖通、敦煌网五大平台上都开通了账号,由专业团队负责运营,共运营了4000多个产品在线销售。张毅直言,通过跨境电商,能更好地把品牌产品输送到终端客户,直接与消费者点对点沟通。

海外建仓: 整合线上线下渠道搭建品牌店铺

当前,境内各大城市的跨境电商综合试验区,都不约而同地把推进公共海外仓建设放到一个战略性高度上去布局、谋划、推进。在这点上,圣德义无疑又成了一个先行者。

2010年,圣德义在墨尔本租下了一个1200平方米的仓库,前台办超市零售,后仓用于产品仓储。自从在澳大利亚设立了海外仓开始,圣德义主要通过B2B的模式出货到目的国(地区)的海外仓,然后将自主品牌的商品直销给B端商家或者C端消费者。随着澳洲市场的逐步打开和业务扩展的需要,2014年,圣德义又买下了面积为2800平方米的海外仓。

基于前期品牌建设、平台运营及海外贸易所积累下的经验和资源,从2015年开始,圣德义开始发展海外公共仓,不仅为境内企业提供租仓业务,还可提供清关运输、仓储管理、库存管理、物流配送、售后服务、线下体验、终端市场售后服务等一体化的全系统服务。此外,圣德义境外电商平台还能帮助合作伙伴,进行协助推广销售。

2017年,圣德义又搭建了7500平方米的现代化管理海外仓,并于2018年5月1号投入使用。

这套线上线下相结合的"跨境电商+公共海外仓"运营模式,为圣德义开辟出了一条与一般传统外贸和一般跨境电商所不同的商业模式。张毅将这种模式称为实现由做产品向做"渠道"的转变。2015年,圣德义海外公共仓为境内81家企业提供海外仓服务。

在澳大利亚的公共仓建设,只是张毅的第一步。张毅将在澳大利亚探索出的"跨境电商＋海外仓"模式,复制推广到美国、德国等全球跨境电商贸易发达国家,除了布局eBay外,还入驻了亚马逊美国站,实现全球布局。

未来两年,圣德义希望在澳大利亚将刚注册的两个品牌做起来,也希望在美国逐步搭建属于自己的仓库。

杭州圣德义
塑化机电有
限公司网址

二十九　万事利

杭州"老底子"品牌也玩跨境电商，丝绸借力跨境电商走向国际

 **企业名片**

> 万事利集团有限公司（以下简称万事利）创办于1975年，经过43年两代掌舵人的不懈努力，已经发展成为一家以丝绸纺织、文化创意为主业，以生物科技、资产经营、金融管理等为辅的多产业现代企业集团。秉承"让世界爱上中国丝绸"的企业使命，着力挖掘、传承中国丝绸文化，跳出丝绸做丝绸，实现了丝绸从"面料"到"材料"再到"载体"的华丽转身，走出了一条"传统丝绸＋移动互联＋文化创意＋高科技＝丝绸经典产业"的转型升级"新丝路"。

"来，先给你们看下我们最新研发的技术！"杭州万事利丝绸科技有限公司（以下简称万事利）总经理马廷方拿出3条印花鲜艳的丝绸丝巾，兴奋地展示给大家看。他介绍，这是万事利耗时多年、自主研发的双面数码印花工艺，成功填补了国内双面数码喷印领域的技术空白，已有多家国际一线奢侈品公司对这项工艺表示出了浓厚的兴趣，向万事利递来合作的橄榄枝。

长期为境外品牌"作嫁衣"，自己却缺乏在境外叫得响的品牌；代加工毛利低，只能靠走量获取微薄利润……这是杭州传统丝绸产业当前发展面临的瓶颈。而在G20杭州峰会上以技艺精湛的丝绸国礼而声名大噪的万事利，在以智能制造提升品牌实力的同时，正在尝试借助跨境电商这一新经济方式，加快品牌国际化的步伐，突破行业发展天花板，为杭州传统丝绸企业转型升级探索实施路径。

建立适应跨境电商的生产和管理机制

随着国际经济形态及消费习惯变化，以款式需求多样且小单化、交货期缩短等为特征的新的生产方式日益兴起，这要求生产企业能整合产业链上下游资源，形成能够针对市场需求变化做出快速反应的柔性供应链。

万事利很早就捕捉到了这样的风向，并着手对企业研发、生产、营销等各环

节进行梳理、整合,并做出适应性调整。"我们企业内部建立起了上百个小团队,不同团队对应不同品类、客群、区域,形成对市场快速反应的机制。"马廷方介绍说。而这套模式,如今也被他用在了跨境电商的运营上。

目前,万事利主要通过阿里巴巴国际站和亚马逊开展跨境电商 B2B 和 B2C 业务,销售围巾、丝绸面料和家纺等产品,其中,B2B 仍占据大头。尽管传统贸易和跨境 B2B 都是采用 B2B 模式,马廷方认为两种模式有着根本性的区别,"不能照搬线下的模式"。

在传统的 B2B 模式中,单量大,因此万事利用的是一个团队对应一个大客户。而线上单量小的特性,决定管理模式无法采用"一对一"的方式,而需要采取一个人或一个团队对应多批小批客户的方式。因此,针对不同站点的不同账号,他们建立起了不同的团队,每个团队 2~3 个人,负责运营、询盘、接单等事宜,并正在探索借助互联网各种便利化和智能技术实现"一对五十"甚至是"一对一百"的路径,让线上对接更有效率。

给每个团队充分的自主权和发挥空间,也是互联网思维下管理的第一要义。因此,万事利跨境电商每个团队都有很大的选择决定权,连店铺的品类都是团队自己来进行选择的。

"要探索,万事利希望是团队自愿去围绕自己的特色去想、去找到要干什么。这样团队才会有内生动力,才能全身心去投入。"

坚守传统外贸打基础,出击跨境电商创品牌

尽管跨境电商风头正盛,马廷方对推进跨境电商的业务上并不冒进,仍保持着冷静的思考。在他看来,一个出口以传统贸易为主的企业要转型跨境电商,首先 OEM、ODM 业务肯定要继续做,因为必须要保证产能。而跨境电商,更多是为塑造品牌提供了一个有效、快速且便利的途径。因此,万事利并不只单纯看眼下跨境电商销售额的增长,他们更意在通过跨境电商这个方式,卡位未来市场。"做跨境电商不能再走以前传统外贸打价格战的老路,而是通过获得这个渠道去实现品牌出海,形成属于自己的品牌实力。"马廷方说。

目前,万事利已注册了两个境外品牌,一个保持万事利一贯的高端路线,另一个则更偏向更年轻、选择快消品的消费族群。而面对世界各地不同消费者不同的审美需求和消费需求,万事利此前所建立的具有自主设计能力的设计师团队就能够充分发挥作用,针对区域市场消费者的审美差异开发新产品,并针对境外市场消费者审美和消费习惯差异专项开发产品,如对产品花型、色彩、规格等

针对当地消费者的喜好进行设计。目前在亚马逊平台上,万事利仅围巾这个品类就已有几十个 SKU(stock keeping unit,库存量单位)。

"组团打怪"更有胜算——联合本土企业攻占境外市场

多年商场沉浮,万事利掌握了一条商业准则,而这条准则,放在跨境电商上一样适用:外来和尚并非更好念经,打开本地市场最好的办法就是和本地企业合作。

在马廷方看来,初入一个市场的最大难点在于不知道目标市场的消费习惯。在过去传统贸易中,万事利接单一般是客户设计好产品,他们负责生产。现在要通过跨境电商平台打造自己的品牌,不跟卖,就是要一切自己来。

"了解当地市场是个长期的过程,而与本地企业合作则可以缩短这个过程,让我们的商业行为更直接有效、有的放矢。"马廷方这样认为。因此,为了加快推进品牌进入境外市场,万事利采用与本土电商平台或企业合作的方式。目前,万事利已跟美国一家企业合作,在美推广其蚕丝被等产品,与意大利的一家电商平台也正在接洽中。此外,万事利还将与以色列一家平台开发企业合作,由对方开发 APP,万事利提供设计和生产,共同探索 C2B(customer to business,消费者对企业)、C2F(customer to factory,消费者对工厂)模式。

值得注意的是,除了在线上做好跨境 B2C,万事利也通过合作伙伴来进行线下 B2C 拓展。其实,早在 2017 年,万事利就已经在巴黎正式开店了。

万事利集团
有限公司网址

三十　沐家家居

转型出口电商三年走上上市之路,这家传统外贸企业这样做

 **企业名片**

> 沐家家居科技股份有限公司(以下简称沐家家居)处于家居纺织品的互联网零售行业,主要采用"自主品牌研发设计+自有生产"模式,面向美、日等多国及欧洲地区消费者,销售产品包括窗帘、靠垫、床品、桌布、餐垫、浴巾等家居纺织品。其中,沐家家居主要销售渠道包括亚马逊等境外线上零售平台和境外线下一般贸易。

《今日美国》曾这样描述美国人一天的生活:早晨,叫醒美国人起床的闹钟有 1/3 印着"中国制造";紧接着洗手间里的塑胶遮帘、体重秤、卷发器及吹风机大多产自中国;出门上班穿的衣服有 17% 是"中国制造";办公室桌子上摆放的木制书框、各类小文具同样来自中国;晚上睡觉前,需要关闭的台灯或吊灯大约一半是"中国制造"……

随着越来越多的境外消费者通过跨境电商平台接触中国商品之后,中国制造也有可能"弯道超车",借助跨境电商之势"攻城略地"。

沐家家居主要从事家居纺织品的生产和销售,产品包括窗帘、靠垫、沙发套、床上四件套等家居用品,是一家传统的外贸生产型企业,2014 年开始转型做跨境出口,并于 2017 年 3 月正式挂牌新三板。2018 年上半年,沐家家居实现营收 9619.03 万元,同比增长 16.35%。

从以代加工为主到跨境电商业务占比将近九成,沐家家居转型跨境电商的很多做法值得思考。

国内电商淬炼: 适合自己的,才是最好的

出国考察、参加展会、谈判、拿到订单,再交给工厂生产,作为一家典型的 OEM 代工企业,创立于 2004 年的沐家家居,在很长时间里一直不断循环这一过程。直到 2012 年,沐家家居董事长杨君发现,"订单量开始下降,利润也越来

薄"。这使他意识到："我们需要一个新的增长点。"

当时,境内电商风生水起,"上线"自然成了杨君重新发力的不二选择。为了能接触到电商的最新前沿,生产基地在绍兴的他,在杭州互联网企业最为集中的滨江,注册成立了杭州沐家网络科技有限公司,一心一意地想在这片互联网海洋里翻出属于自己的一朵浪花来。

但成功需要时机。彼时,境内电商竞争已经白热化,混乱无序的营销战让一向专事外贸的沐家家居身心俱疲。杨君意识到,这里并不是自己擅长的领域,及时止损才是明智的决策。

不过,学费不会白交。经过境内电商战场的淬炼,他学到了不少电商的玩法和套路,也更加确定了在贸易网络化的时代,自己真正的优势在哪儿,要走什么样的路。

这一回,他的目光转向了跨境电商这片新蓝海。

"两条腿"走路: 传统经验和数字科技并用

2013 年,沐家家居的跨境电商之路正式开启,杨君的决心不可谓不大,"我们砍掉了其他细枝末节,专攻我们擅长的家居家纺类产品,厂里的传统 B2B 业务,我也交给别人去打理了"。

市场调研、物流选择、店铺运营、广告推广、VAT 注册……事无巨细,杨君一一过问。"转型跨境电商,必须企业一把手全面抓,懂外贸、懂互联网且外语基础好的人才少,如果企业主不重视,很难从上到下去推动。"2014 年 9 月,沐家家居首个注册品牌"DECONOVO"在亚马逊美国站上线,运营不到两个月就做到了10 万美元的销售额。

不少传统外贸企业抱怨转型难,无法轻盈转身。但在杨君看来,有了传统外贸的好底子,转型更加容易。"要想销量好,选品是关键,而选品恰好是沐家家居的强项。"十余年的外贸经验,让沐家对各个境外区域市场消费者的偏好了如指掌。沐家家居的设计团队中,设计师全部采用外籍人士,"外国人才能真正了解外国人要什么",杨君说。

即使如今跨境电商业务量已经占到公司总业务量的 9 成以上,沐家仍保持着不少传统外贸的习惯。比如每年要去境外考察、参加世界各地各种家居展会,第一时间掌握市场动态。

在杨君看来,传统企业转型,不能丢了老本行。线上和线下"两条腿",要一起迈步走。过度依赖所谓的互联网手段去抓取数据而缺乏跟市场、消费者的直接了解,"只能跟随潮流,而无法引领潮流"。

本土化和销售是进一步冲刺的发力点,沐家家居在转型之初就有自己的打算,没有花力气去布局全球的海外仓和物流中心,但不妨碍沐家家居借力他人——选择亚马逊 FBA 业务:将货物发送到当地的亚马逊仓库,之后的包装、配送、售后等业务都由亚马逊代理,解决了物流时间问题,进一步提升客户体验。

目前,沐家家居在亚马逊北美、欧洲、日本等主流站点均开设了账号,有5000 多个 SKU,并保持每月更新上百款的速度。

品牌打造加速: 全平台销售

2017 年 4 月,eBay 公布了品牌布局战略;同年 7 月,亚马逊正式上线"品牌旗舰店",企业和品牌已经是速卖通准入的基本要求……在平台越趋鼓励卖家建立品牌的环境下,有的卖家已经早早布局,也有卖家后知后觉意识到品牌的重要性,沐家家居毫无疑问是前者。

从转型之初,沐家家居就坚定地要走品牌化道路,而这也是杨君选择亚马逊平台的原因。"做 OEM 时代,面对'外强环绕',创自己的品牌简直想都不敢想。但互联网给中国制造一个全新的机遇,让我们可以直接面对全球消费者,给了我们'弯道超车'的机会。"2017 年 3 月,沐家家居正式挂牌新三板,这离杨君的品牌梦又近了一步。

为加速推进品牌打造和扩大影响力,沐家家居将铺开全平台销售的策略,除了主阵地亚马逊,在不久将来,在各大综合性平台和垂直平台上,都将看到"DECONOVO"这个品牌的身影。

对于未来的发展,杨君称,沐家家居是制造型品牌零售商,而生产制造这一环节所带来的利润微薄,附加值较低。公司未来将从品牌建设、产品设计研发等环节中提高附加值,并降低资源消耗。因此,公司未来发展方向将是抓住两个高点——品牌建设、产品设计研发,实现差异化发展。

沐家家居科
技股份有限
公司链接

三十一　杭州巨星科技股份有限公司

跨境电商年销售额同比增幅超 100%，将加大自主品牌出海力度

 **企业名片**

> 杭州巨星科技股份有限公司是一家专业从事中高档手工具、激光产品、机器人等研发、生产和销售的企业；是境内工具五金行业规模最大、技术最高和渠道优势最强的龙头企业之一；是亚洲最大、世界排名前三名的手工具企业。

说起杭州巨星科技股份有限公司（以下简称巨星），相信许多人并不陌生。这家成立于 1993 年的老牌企业，主要从事手动工具、激光产品、智能工具、机器人等产品研发、生产和销售，是境内手工具行业规模最大的龙头企业，也是亚洲最大、世界排名前三名的手工具企业。

强大的研发能力，是巨星一路发展壮大的动能所在。据介绍，公司目前拥有 701 项境内外专利，每年保持 400 项左右的新产品研发投入市场，具有上万种的产品及公司先进的工业设计、包装设计和物流体系等配套服务，足以满足客户一站式采购的需要。

同时，巨星还拥有强大的渠道优势，主要客户都是沃尔玛、家乐福等欧美大型百货连锁超市、大型建材五金超市、全球工业企业工具供应商、欧美专业汽配连锁等，绕过境内外中间商直接面对大型连锁终端进行销售。

主动出击：最早一批"试水"跨境电商

2010 年上市之后，拥有核心技术和强大渠道的巨星，业绩一路持续稳定增长，并未受到境外市场疲软的影响。与很多外贸企业遭遇生存困境寻求新突破转而投向跨境电商的"被动"所不同的是，对巨星来说，转型跨境电商是出于对未来市场趋势预测的一种主动选择。

作为最早一批"试水"第三方跨境电商平台的代表企业，2015 年 7 月，巨星就开始组建电商团队，并将团队分为两拨，分别发展境内电商和跨境电商。在跨

境电商方面,巨星选择通过第三方平台,如主流的亚马逊、eBay、速卖通等平台进行产品销售,其中,亚马逊是他们的主攻平台。"选择亚马逊,和我们公司的产品定位有关。因为我们重点销售的是我们自己的品牌,主要针对中高端市场。而亚马逊上优质客户相对集中,也更重视品牌。"巨星科技跨境电商总监张茅介绍。

"在这些跨境电商平台上销售产品,一方面有利于提高企业自主的品牌占有率,另一方面也降低了企业的销售成本,提高了企业的利润。"在张茅看来,巨星选择这条路相当明智,"从 2015 年第四季度 12 万美元的销售量,到 2017 年上千万美元的销售量,我们看到了企业在跨境电商平台发展的巨大潜能。"

据介绍,以亚马逊和速卖通为主要平台,2018 年上半年巨星科技的跨境电商营业额已经超过去年全年,全年数据同比增长了 100% 以上。"2018 年我们整体加大了在欧洲和'一带一路'沿线国家(地区)的推广力度,而欧洲市场也是去年整体增幅最大的区域。"

未来可期: 走好自主品牌出海之路

据介绍,巨星科技最早开通的是亚马逊的北美站,销售自主品牌 Workpro、EverBrite 和 Goldblat 等。在张茅看来,北美一直以来是巨星的主要外销地,传统外贸的销售表现非常强劲。"但刚开始上线时,业绩并不如人意,直到 2016 年年初,北美站的月销售表现也只有 50000 美元左右,到八九月份,也只有 10 来万美元。"

直到 2016 年 9 月份,中国(杭州)跨境电子商务综合试验区与亚马逊全球开店共同开展杭州品牌制造"TOP 100"专项行动,巨星成为第一批专项行动的企业之一,获得了亚马逊全球开店指派的客户经理一对一进行运营指导的"特权"。随后,巨星针对亚马逊平台做了一个网络市场调查,发现业绩跑不动,一个很重要的原因就在于选品的失误。"我们之前上线的品类都是在线下销售得非常好的产品,但这些产品未必适合在网上销售,平台上更适合比较小型、轻型的工具产品。"巨星亚马逊平台运营的负责人印元及介绍。于是,巨星立即调整了选品,并在客户经理的指导下,对产品的图片、描述等进行了优化,效果可谓立竿见影,11 月,巨星在亚马逊北美站的月销售量达到了 100 万美元。

"销量好的另一个原因,得益于我们的自主品牌。"印元及说,"我们的每个品牌在亚马逊上都做了品牌备案,受到保护,不怕跟卖。而且我们新设了品牌推广部,为的就是加大自主品牌在境外的拓展力度和投入。"

值得注意的是,除亚马逊北美站外,巨星还相继开通了亚马逊的欧洲站和日本站,"目前,我们正在针对每个区域市场消费者审美和消费习惯的不同,对产品外观设计、产品使用说明及产品功能进行微调,以便更符合每个地区消费者的需求。"印元及介绍。

值得一提的是,与跨境电商借助第三方平台销售所不同的是,在境内电商方面,巨星选择了自建垂直平台。2018年3月份,巨星自主打造的专卖工具类产品的垂直平台土猫网正式上线。土猫网的上线,填补了境内五金行业垂直电商领域的空白,可以说开启了"工具互联网时代"。

目前,土猫网囊括了五金工具、手动工具、电动工具、工具组套、电子电工工具、工具箱包、汽修汽保、照明工具、劳保用品、气动工具等各类工具品种,不仅销售巨星自主品牌工具,还以自营方式,聚合了境内境外一流的五金企业品牌,让客户享受一站式购物体验。"未来,随着土猫网业务的不断深入拓展,我们还将在这个平台上开辟跨境模块。"张茅表示。

杭州巨星科技股份有限公司网址

三十二　浙江东方百富袜业制造有限公司

从"全球袜子中国造"到"中国袜子全球卖"

企业名片

东方百富袜业制造有限公司成立于 2001 年,是中国领先的袜子制造商之一,专业从事运动袜的开发、设计、生产和销售。依托浙江大学等一流高校设立了东方百富运动袜研发设计机构,已申请 40 余项专利,为全球用户提供具有核心技术的时尚创意和功能设计产品。

在中国(杭州)跨境电子商务综合试验区成立三周年的跨境电商电视论坛上,下沙有家制袜企业获得了现场的一致点赞。从在传统代加工里获取微薄利润艰难求生到破釜沉舟加大科技投入拥有自己的核心专利,从"制造"袜子到"智造"袜子,从卖产品到建平台,再到打造园区,这家企业正实践着从"全球袜子中国造"到"中国袜子全球卖"的转变,这家企业就是浙江东方百富袜业制造有限公司(以下简称东方百富)。

靠自主研发走出"OEM 泥潭"

张伟军生在"中国袜业之乡"诸暨,赶过乡镇企业改制的时髦,当了厂长,后又破产。1999 年,他到杭州经济技术开发区再次创办袜厂时,身家就剩两万元。

一开始,他靠做代加工和贴牌生产,商务袜、休闲袜、丝袜、连裤袜到儿童袜,只要有单,统统接。

但即使这样"白十黑"地干,由于同行间惨烈的价格竞争,利润率还是逐年走低。

2009 年,他化繁为简,明确只做运动袜品专家,砍掉所有和运动袜无关的产品线,重新梳理客户。同时,升级成 ODM(原始设计商),专注为大买家研发分类运动袜。

"破茧成蝶"的勇气换来意想不到的惊喜。订单如雪片般飞来,企业也渐渐站上代工商的金字塔尖。

2015年，网络电商开始冲击欧美市场，但很多客户尤其是大买家压价很厉害，有的甚至将一双袜子利润压低到2美分，一笔2300万美元的订单才赚40万美元。

怎么样提升袜子的含金量？张伟军找到浙大体育科技研究所，从运动人体科学、生物力学等入手，研发更专业的运动袜。

同年，他推出面向中高端市场的自主品牌"悍将"，包括篮球袜、足球袜、马拉松袜、徒步袜、越野袜、滑雪袜、骑行袜等35个大类袜子，平均每双卖100～200元。

打造全球最大B2M定制平台

别小看这些袜子，其实有很多讲究。比如滑雪袜要采用有良好吸湿快干功能的纤维，袜身可以对湿热空气导流，脚踝和后跟要进行跟腱保护结构设计；长距离徒步袜采用复合改良的美丽诺羊毛，材质柔软可降低起泡概率。

粗略统计，仅仅在这些运动袜里，张伟军的袜厂就拥有专利70多项，其中发明专利5项。

2017年6月份，张伟军又推出一款能导汗的袜子——CoolMax运动袜。"Cool"在哪里？张伟军说："它能快速地把汗水和湿气导离皮肤表面，并向四面八方分散。这样一来，汗水挥发得就更快了。所以，即使你流了汗，袜子上也不会留下汗迹，很适合运动人士用。"

长达8年的转型，张伟军的袜厂已积攒下超过100万的用户，并进入了亚马逊北美站、欧洲站等跨境电商平台。

但东方百富并不满足于简单地借助第三方平台"卖货"，凭借在行业十余年积累的数据和资源，东方百富正在构建一套全球独一无二的运动袜产品设计模型和功能纱线大数据库，以柔性定制新模式打造全球首个运动袜B2M（business to manufacturer，企业对制造商）定制平台。

据介绍，平台将通过整合供应链，以及对订单、生产、质保、物流、客服等环节实行全数字化运作，将传统的120天交货周期缩短为7天。同时不设单量限制，为境内外海量的中小企业解决积压痛点。

因地制宜打造科技园吸粉

与此同时，在东方百富厂区内，一幢总占地面积约5.2万平方米的科技城产业园落成。

园区集跨境市场推广、贸易促进、公共服务、展示展览、培育培训、行业论坛等功能于一体,旨在打造现代化、智能化的跨境出口示范园区。

2019年1月29日,利朗达"品连优选"项目成功落户东方科技城产业园,同时与东方百富签订战略合作协议。

张伟军表示,近两年来,园区建设围绕"一园一校一仓一站"的定位,先后入驻了阿里巴巴、国贸云商、魔方云仓、易贝等优质企业,境内跨境电商大卖家深圳利朗达的入驻对园区具有标志性的意义。

东方百富的华丽转身是杭州众多传统制造企业借助跨境电商转型的缩影,从上线卖产品到打造自己的平台,再到建设园区为更多企业提供服务,东方百富的转型路径也正印证着中国(杭州)跨境电子商务综合试验区的发展路径。

作为全国跨境电商领域先行先试的试验田,中国(杭州)跨境电子商务综合试验区不仅是企业跨境电商交易量的汇集,更是人才、平台、服务等资源要素的集聚。以把杭州建设成为融合线上线下、联通世界、服务全球的国际重要商贸中心为目标,中国(杭州)跨境电子商务综合试验区正加快跨境电商服务资源集聚,努力打造全球最优跨境电商生态圈。

浙江东方百富袜业制造有限公司网址

三十三　浙江子不语电子商务有限公司

老板 31 岁,一年卖给外国人近 20 亿元的服装

 企业名片

浙江子不语电子商务有限公司(以下简称子不语)成立于 2011 年 4 月,是深度整合跨境出口贸易业务的上下游,依托境外网上第三方销售平台和自营独立站,向目标市场终端客户销售流行服饰、鞋帽、饰品等集产品研发、设计、销售、供应链管理与服务为一体的"互联网+产业"综合性公司。

现年 31 岁的华丙如,2013 年 7 月涉足跨境电商,极少在公开场合亮相。

一张胖嘟嘟的娃娃脸,短发蓬松,架着一副黑框眼镜,不苟言笑,沉默寡言。他虽然行事异常低调,但在杭州跨境电商圈内,仍时常被人热议。

仅用时 4 年,企业销售额就接近 20 亿元人民币。

40 多个品牌行销境外

2009 年,华丙如还是安徽巢湖学院大二学生,和同学一起从宿舍起步开始做淘宝,代发广东、福建生产的衣服和鞋子,两年内就冲进淘宝类目前三名。预感到卖仿品存在风险,几个人决定转型。

2011 年,6 人团队从巢湖来到杭州,并在滨江区创办子不语,在淘宝上销售四季青女装。次年销售额破亿,从市场拿货转变为自主设计、工厂代工。

"当时看到一些人在我们平台上采购,研究包装、规格后发现可能不是卖到本地的。"华丙如决定亲自上阵,把一些库存产品上架到被称为"国际版淘宝"的速卖通,半个月内还真收到了几个订单。

通过研究产品排序和规则,又根据热卖产品进行开发后,订单量逐步提升,半年销售额为 1000 万元人民币。当时,境内女装市场竞争激烈,反观巴西、俄罗斯等国家的女装市场方兴未艾。

华丙如决心彻底转型,专心做跨境电商,这也直接助推了子不语的销售额和

企业规模连年翻番。2014年销售额1亿元人民币,员工100人;2015年销售额猛增至3亿元人民币,员工增加至500人;2016年销售额达到1亿美元。2017年上半年,子不语销售额就已经达到1.5亿美元,员工总数约1200人,在广州、深圳都设有分公司。

目前,子不语不仅是杭州跨境电商服装行业的领头羊,在全国都是佼佼者。能够把握住风口,品牌是核心竞争力之一。40多个品牌涵盖欧美风、黑人风、快时尚网红风等,代表不同潮流文化,面向不同消费客群。相较于无牌或贴牌,利润率要高5%左右;根据销量可以及时调整内部资源供给;消费者有黏性,回头客比同行水平高。

用足跨境电商四大平台

创业7年多,华丙如始终在不断调整架构,以适应瞬息万变的市场。

每天"996"的工作节奏,每月1/3的时间在外奔波,但有一件事雷打不动,就是看报表。在他看来,报表不只是晴雨表,也是企业体检表:"看报表可以规避很多风险,库存积压太多就要在销售策略上进行激励,保持一个合理区间。"

虽然业绩提高很快,但华丙如却希望子不语的发展慢一些,毕竟跨境电商仍处于摸着石头过河的阶段,要通过谨慎地试错才能找到正确道路。

起初,子不语把内销款式上架,就出现了水土不服的情况。境外买家反馈的照片上,境内的常规长袖变成了七分袖甚至短袖,裤子无法上身。最后,从面料、设计、尺寸等方面整体改变,又请欧美模特作为量体裁衣的模板,才解决上身问题。

互联网飞速发展,让中小企业有机会直接接触境外终端消费者。

随后,通过不断分析客户反馈,以及安排专员搜罗境外"网红"爆款,子不语的产品逐渐符合外国人的审美。比如巴西人更偏爱色彩艳丽的衣服,尤其是印花类服装,带点蕾丝更赞;欧美人着装风格比国人更大胆,偏向于性感。

销售平台也在不断切换,起初是速卖通,一度成为其女装类目销量冠军。其次在eBay试水,但真正带动销量猛增的是Wish平台。这是一家聚集超过30万卖家、很受"85后""90后"追捧的移动电商平台,用户50%来自北美、45%来自欧洲,以18~35岁年轻人为主要客群。作为快消品,客单价仅约20美元的服装自然就成了"香饽饽"。

但随着形势的不断变化,华丙如又转而考虑亚马逊平台:"亚马逊流量比较稳定,我们的产品也可以面向更多的中端客户。"

同样,多平台销售一定程度上降低了企业风险。目前子不语旗下品牌在Wish销售占据6成,其余主要集中在亚马逊平台。

回归匠心转型服装公司

作为一家纯电商公司,靠拿货和工厂代工实现业绩飘红,原本是众人羡慕的轻资产。

但从2016年开始,华丙如和团队反复酝酿后再次转型,决定朝着一家服装公司的方向发展,对整体架构进行大幅度调整。

目前,除了临平的运营中心、设计中心、仓储物流中心,子不语在乔司工业园有裁床中心、后道整理中心和生产工厂,面辅料开发团队则在广州,安徽等地布局工厂。

从设计、生产、仓库出货再到运至美国最快只需要半个月。平均每天上新100个品种、日均出单量超过40000件,如今的子不语已经拥有超过20万个线上单品。

"跨境电商最终还是离不开制造业的,产品就是你最好的竞争力。"华丙如一语道破。

多年跨境电商经验让他意识到,销售只不过是渠道,核心是真正能给用户带来极致优秀的产品。欧美电商平台非常注重用户体验,企业没有完整供应链就很难更进一步,这促使其向优秀制造业企业看齐,重新寻找匠心。

华丙如心里还装着更大的梦想,通过加强制造属性,真正形成有影响力的品牌,把子不语打造成一家影响世界的服装公司:"现在业务量能排进境内前三,努力影响世界潮流,我想这是作为杭州跨境电商企业的历史使命。"

浙江子不语
电子商务有
限公司网址

三十四 浙江胜利羽绒制品有限公司

老板 51% 员工 49%，跨境销售衍生新玩法

 **企业名片**

> 浙江胜利羽绒制品有限公司成立于 1998 年，拥有十多年的外贸寝具经验，是一家从事羽毛、羽绒及羽绒制品的生产、加工型企业，其制品主要有羽绒被、羽绒毯、羽绒枕、羽绒垫等床上用品；并在德国设有分公司，产品主要出口欧美、东南亚等地及日本。2008 年注册自有品牌斯诺曼，与境内一线品牌电视购物合作，进军境内寝具市场。

一袭白衬衫的孙利，在萧山众多羽绒企业老板中颇有些另类。

他一般临近中午才上班；办公室并不是设在最靠内侧的隐秘位置，而是 3 楼楼梯口；透过落地窗，终日只能与生产车间相望。

用杭州话来说，这个人有点"坦悠悠"的。但浙江胜利羽绒制品有限公司（以下简称胜利羽绒）的销售业绩却很红火，连续多年仅纳税额就超过 500 万元，产品出口至欧美、东南亚及日本等地。

13 年前就涉足电视购物

胜利羽绒是国内比较早涉足电视购物领域的羽绒企业，早在 2006 年就和湖南卫视快乐购平台合作销售羽绒被。

这一次尝试非常成功，仅仅几分钟，上千条羽绒被就销售一空。最高峰时，45 分钟电视购物曾狂卖羽绒被达 318 万元。之后几年长期与上海东方 CJ 电视购物、湖南快乐购、浙江好易购、江苏好享购、安徽家家购等平台合作，销量也涨势迅猛，这为企业早期发展打下了扎实的基础。

不过，随着羽绒家纺市场不断被挖掘，越来越多的企业都想分一杯羹，品牌混战开始。

这对孙利的触动很大，他的品牌意识越来越强，"SNOWMAN""斯诺曼""雪

人"陆续完成了注册。

"企业不管好与不好,没有品牌就像没有自己的小孩,是不对的。代加工即使有好几倍的利润也比不来的,始终是替别人带孩子,自主品牌才能永远占领的市场份额。"孙利说。

话糙理不糙,经济效益的提高是每个企业的共同追求,而基于品牌建设下的经济效益提高则是所有企业共同关注和看重的。

他把品牌定位为中高端,并从 2012 年开始涉足境内电子商务,在京东、天猫等知名平台开店。像 2014 年"双十一"时,几个平台加电视购在内的单日销售额就达到 1200 万元。

既然把品牌视为儿子,含金量就必须高,胜利羽绒不断加大科技投入,把产品自身性能做到极致,以赚口碑为目标。

曾卖出 399999 元的羽绒被

涉足电商后,胜利羽绒对行业、市场、产品三方面的结构进行了调整。从以羽毛、羽绒原料加工为主调整为以羽绒制品生产为主,积极研发高附加值产品;改变过去羽绒产品以出口为主的模式,变为"内外兼修";立足创新,告别羽绒制品厚重、单调的代名词,在业界刮起以羽绒鞋等产品为代表的休闲、多功能羽绒制品之风。

在"斯诺曼"天猫网店,一款 399999 元的羽绒被格外引人注目。过款羽绒被采用的是冰岛产的雁鸭绒,是企业研发能力的极致体现,还真的卖出过一条。而销量超过 10000 条的价值 2299 元的羽绒被也价格不菲。

"过去感觉'Made in China'就是便宜、质量差,我们就是要做最好的,把最好的产品卖给境内外消费者。"孙利说。

2015 年,孙利开始涉足跨境电商。

一来大势所趋,二来他确实很不甘心。胜利羽绒的客户遍布全球 60 多个国家和地区,在丹麦、瑞典、挪威都有合作工厂,为 Esprit、ROYAL、Hemtex、Hoffner 等 100 多个境外品牌代工羽绒被。

"就像土地是别人的,造房子的人全是我的,那我为什么不自己拿地?"孙利成立了 20 多人的团队,主要瞄准以美国、加拿大为代表的欧美国家和日本市场。

他说,2001 年创业时的理想很朴素,即让父母妻子的生活更好。企业粗具规模后,他考虑最多的是让跟随他十几年的员工不要总是疲于应付各种外贸订单,而是能够真正活得有尊严一些。

老板员工合资进行销售

"我做跨境不是为了赚多少钱,至少目前,利润跟我做传统外贸是相差无几的。"孙利说自己在探索一条出路,一条通往财务自由的路径,为了企业所有员工。

胜利羽绒并没有注册新品牌,而是继续以"SNOWMAN"开展 B2C 业务。不变的还有高端产品的路线,像卖到日本的一床羽绒被标价 10000 多日元,换算成人民币都要约 800 元。

在亚马逊平台上,最贵的一款羽绒被卖到 466 美元,经汇率换算后也要近3000 元人民币。

卖得贵,孙利是有底气的。丹麦王储弗雷德里克结婚时,绣有其和玛丽王妃名字缩写的鸭绒被,就是"SNOWMAN"研发生产的。高品质也确实攒了理想的口碑,几个平台的用户评价稳定在 4.6～4.7 分,高于当地品牌 4.3～4.4 分的平均水平。

这让他十分高兴,对品牌附加值更多了些期待。

"如果跨境电商销售渠道慢慢建立起来,有了稳定的销售额,那员工都可以减少加班、实行双休,因为产品卖到哪我们都有底了。"孙利探索的这条出路,其实就是"解脱"二字。

为了激发团队积极性,他进行了大胆尝试,与员工合资进行销售。孙利占51％的股份,主要还是为了照顾老板的面子,剩下的股份都是员工的。几个平台由不同的小组运营,销售利润就按比例分成。

"我从来不叫他们加班,你晚上来看看灯火通明,为什么?因为这就变成了自己的事业,而不是为我打工。"他笑着说,脸上还颇有些得意。

据了解,每周小组化运营的团队还会集中反馈情况,传导回供应链。为了迎合境外客户的习惯,一款羽绒枕就细分成了低、中、高三种尺度。

浙江胜利羽绒制品有限公司网址

三十五　浙江迪欧达实业有限公司

"创二代"突破传统,60000条羽绒被进入美国人家庭

 企业名片

Puredown容心是中国第一家自主设计、生产的创意羽绒家居品牌,以轻盈、舒适、别具一格为设计理念,主营家纺、羽绒鞋包、羽绒饰品等家居生活产品。依托全球最大的羽毛羽绒生产基地——柳桥集团,建立了中国唯一的国家企业自有羽毛羽绒实验室。

傅灿强,29岁,杭州迪欧达实业有限公司执行董事,2014年中旬涉足跨境电商。

他自小就去了英国留学,递上的名片都用了透明PVC材质,标新立异。

父亲傅妙奎创造了国内知名羽绒衣品牌"迪欧达",原本可以坐享其成的傅灿强,却大胆走出了一条迥异的道路。

自创羽绒品牌"容心"

留学归国后,傅灿强进入迪欧达工作,度过了三年时光。

他就读的英国卡斯商学院,位于伦敦金融城,是欧洲最顶尖的商学院之一,与沃顿商学院齐名。

"也希望做些不一样的事,总得跟父辈有所差异。"傅灿强在2014年中旬开始尝试跨境电商,卖的并不是自家名气最大的羽绒衣,而是延伸开发出的羽绒居家产品。

一次"创二代"研讨会上,他阐述过自己的思路:应该把我们这一代人的见识面、知识面和现代化管理理念植入到父辈企业里,并尝试去做国际化拓展。

他创立的"Puredown",是境内第一个自主设计、生产的创意羽绒家居品牌。品牌名与传统叫法的国产品牌迥异,在英文中"Pure"是单纯、纯净的意思,

"down"则是绒毛的意思,傅灿强称之为"容心"。

听起来还带着些许文艺腔,比较符合欧美文化,也契合境内消费升级的需求;设计风格讲究现代简约,瞄准的客群主要是现代都市新家庭;产品包括了家纺、羽绒鞋包、羽绒饰品等。

他将"Puredown"定位于追求自然现代的设计美学,在羽绒的实用与审美中寻找平衡点,自然简约中彰显创新与智慧,引领自然、简约、轻松的家居美学风尚。并期待通过深刻洞察现代都市家庭的更多生活诉求,重新定义家居与现代都市家庭的关系,带给消费者轻松愉悦的生活体验,使其从外而内感受轻松与温暖。

欧美人盖上萧山羽绒被

羽绒被为何会风靡欧美尤其是美国市场呢?主要还是因为欧美市场选择少,并不像国人可以拥有桑蚕丝被、棉被等多种选择。化纤被过去是美国人的主要选择,轻盈、天然的羽绒被出现后,自然也成为"香饽饽"。

傅灿强的底气也蛮足,因为家族企业柳桥集团是全球最大的羽毛羽绒生产基地,有着 20 多年的积累沉淀,品质把控非常成熟。一个优质、顺畅的供应链体系,对跨境电商行业来说弥足珍贵。

利用去美国出差的机会,他还会去各大卖场考察并购买一些竞品进行研究,定价也相对亲民,在美国市场属于中端产品。值得注意的是,在美国销售的羽绒被一般填绒量只要求 75%,略低于国内。

借助亚马逊等跨境电商平台,品牌每年的销售额约 1 亿元人民币。傅灿强估算后说:"差不多一年时间卖出了 50000~60000 条羽绒被。"

如今的傅灿强,更像是一个"空中飞人",一次次飞到美国考察。

2017 年,一个约 6500 平方米的海外仓在洛杉矶一带建立,就是要尽量修复跨境电商中存在的 bug(漏洞)。

羽绒被的生产周期需要 1 个月,海上运输又需要 1 个月,周期内存在的风险还是蛮高的。这方面他可是交过学费的,产品出货跟不上或者超发都是教训,海外仓的建立大大提高了灵活性。

"跨境的本质还是要回归到好的产品,以及供应链、物流、后期仓储服务的顺畅。"傅灿强的经营主基调定为巩固。

以走心突围同质化竞争

他的行程单里,美国依然是主要目的地,为的是能够进入更多实体商场。欧美国家电商对实体店的冲击,远没有国内那么迅速、巨大,这是很多人的共识。因而能够摆上实体店的货架,依然是优先选择之一。

此时,留学的优势才渐渐发挥出来:"你需要跟当地人打交道,对文化越了解,就越便利。"

另一件重要的事就是研发,由于竞品之间的差异并不大,走心的设计往往能脱颖而出。比如独创的立体型抱枕,打破了传统平面抱枕的一成不变,让人耳目一新,彰显别出心裁的家居创意。简单的图案纯净利落、简约自然,可以随心摆放,变换搭配,一扫沉闷,让普通的角落变得灵动。

接触大量境外消费者后,傅灿强也准备把反馈信息传递给设计团队。

尽管欧洲市场只占跨境业务的10%,但傅灿强也并没有忽视,而是收购了一家捷克企业并建立羽绒家纺中心。

"欧洲养鸭养鹅很多,原料资源还是很不错的。"他介绍,中心还代工一些羽绒被在宜家进行销售。

尽管"容心"只占迪欧达产值的一小部分,但傅灿强对未来的量依旧充满信心。他正准备把团队搬到滨江,以吸引更多的跨境运营人才。

浙江迪欧达
实业有限公司
网址

三十六　临安笛影贸易有限公司

境内电商转型跨境,雨鞋行销全球

 **企业名片**

　　临安笛影贸易有限公司成立于 2015 年 6 月,同年 11 月创立 Hellozebra 雨鞋品牌,将临安地方雨鞋产业与线上电商相结合,打造自主雨鞋品牌。Hellozebra 雨鞋在日本市场初获成功后,公司开始深耕日本市场,拓展至鞋、服装、箱包、个护健康产品、家居用品等品类,并开启多品牌运作,实现从境外开端再到境内布局的新模式。

把雨鞋卖到日本，一年卖了 1000 万元
26 岁小伙一人做大了一家跨境电商企业

　　2019 年 3 月,张超将满 26 岁,是两家公司的创始人,2018 年两家公司的销售额达到 2000 万元人民币。

　　看起来,这不算非常庞大的数字,但对张超来说,从 0 到 2000 万元,仅用了短短 4 年时间。

　　张超是湖南人,企业却都在临安。2017 年,临安撤市设区,成为大杭州新区,跟杭州一同沐浴在电商的春风里。

　　作为包邮区的"C 位",中国电商的发源地,杭州电商氛围浓厚,很多人都在电商平台开店,不足为奇。但能同时将产品销往境内外的人,并不多;能一个人单枪匹马扛住转型煎熬期,完成对内到对外产品转变的,则少之又少。

　　这个湖南小伙子,在 23 岁时做到了。从他的创业和转型之路上,我们看到的不仅是刻苦,还有无处不在的"聪明劲儿"。

"解决库存"是初心　"销量第一"是惊喜

2016年8月,张超创办临安笛影贸易有限公司(以下简称笛影贸易),将品牌"Hellozebra"的雨鞋卖到了日本。当时,他没有招募合伙人,也没有招聘员工,而是一个人经营开在亚马逊上的店铺。

不过,张超并不是电商小白,恰恰相反,他在境内电商平台上做得非常好。在做跨境电商之前,他已经有一家三皇冠的淘宝店铺、一家京东旗舰店,按照计划,他打算再开一家天猫旗舰店。但天猫店一直受到各种条件限制,再加上当时资金并不宽裕,张超不敢冒进,暂时搁浅了计划。

"做品牌总会遇到库存积压的问题。压在仓库里的每一双鞋都是一笔钱,加起来就是一大笔资金。我当时就想,还有什么渠道可以来卖我的鞋。"恰好,他的一个大学同学在一家外贸企业上班。同学说起自己所在的公司,三四个人负责一个项目,营业额非常大。张超受到启发,意识到做跨境时间比人更宝贵,于是在亚马逊日本站上开了一家店。

说起选择日本站的缘由,张超直言,日本人的尺码和中国人一样,可以卖一样的产品,不用像欧美产品一样,需另外定制尺码。

不过,这样一个庞大的市场并非单枪匹马的一个人就能对应。张超采用合作的方式,组成了自己的团队——找定居日本的人合作,做产品信息;找货代,帮助发货;自己则专注在运营和竞品分析上。

"我必须尽快弄清楚亚马逊的平台规则和我的竞品,摸透选品、定价和平台的玩法,才能找到优势。那段时间,几乎不吃不喝地泡在亚马逊上。"很快,张超发现,150~300元人民币的定价最合适。

上线运营半年后,一双男士雨鞋冲上了销量冠军的宝座,稳居类目第一,成了张超在亚马逊上造出的第一个"爆款"。

但接下来不是爆款频出,却是接连"暴雷"。上架的几款女士雨鞋,都销量平平。在境内,卖得最好的女士雨鞋是中帮雨鞋,但在亚马逊上却无人问津。几次触雷经历让他意识到,选品和运营思路要随消费者而变。调整思路后,女士低帮雨鞋渐渐打开销量。2017年,笛影贸易一年的销售额飙到1000万元人民币。"虽说是一个人,但是我并不是单打独斗。境内电商平台的员工和仓储员工都在协助我。没有他们的兼职帮助,我一个人是无法做到这个成绩的。"之后,笛影贸易跨境电商业务增加了一个全职员工。

打了6年怪兽才升级

很多从境内电商成功转型为跨境电商的企业,说起成功的秘籍,不是产品,就是运营。张超之前也积累了多年的境内电商运营经验。

2011年,张超考上浙江农林大学,来到临安读书。那个时候,电商正值红利期,临安有着农村电商这把金钥匙,发展出了"电商扶贫"的新模式。

一边学习国贸专业,张超一边用业余时间做店铺代运营。大学四年,他运营过食品、服装、家电,大大小小几十个店铺。大学还没毕业,他已经成为电商运营高手,不仅亲自下场运营店铺,还做起了培训讲师。

后来,他开了一家叫梦博电商学院的电商运营培训机构,带着一个团队做电商培训。现在,这家培训机构的信息还挂在淘宝大学的首页上。

"我帮别人运营店铺可以运营得这么好,为什么不自己做呢?"张超说,代运营只能赚一点辛苦钱,办培训机构收入不稳定,很多时候只能做到收支平衡。

2015年的一天,"创办一个品牌,自己开店"这个念头跑了出来,让他很兴奋。

"要说运营经验带给我最大的帮助,那应该是帮我找到了雨鞋这样一个非常好的类目。2015年在淘宝做品牌已经不容易了,但是我选的类目再加上我的运营技巧,店铺很快就做了起来。"2015年11月,张超创办的品牌"Hellozebra"正式在各大电商平台上线,并很快获得了成功。

雨鞋之外的"扩张"

"8月入驻亚马逊时,正是销售高峰期,头炮打得响亮,顺利得出乎想象。"一开始,"Hellozebra"卖得顺风顺水,转年进入2017年上半年后,从旺季到淡季,销量出现大幅下降,"心里多多少少还是有些失落"。

让他更失落的事情接踵而来。本想乘胜追击,陆续开了欧洲站和美国站,却没想到"一些货在海上漂着,一些货在境内压着,资金回流的时间被拉得很长,压力非常大"。

尤其是德国的高退货率让张超非常头痛。痛定思痛,张超决定暂缓横向开发,转向纵向拓展。

2017年10月,张超的个护品牌在亚马逊日本站上线。跟日本消费者打了两年交道,个护品牌一上线就取得了不错的成绩,几款产品销量都不错。尤其是一款适合老年人和白领的护腰带,销量很快突破了 2000 条。

"不管是雨鞋还是个护产品,我们的 SKU 都不多,算起来都是 10 个左右,但是每个销量都很好。在亚马逊上,评价对产品的排名影响特别大,所以,我们专注上一些质量好的产品,以评价带销量,坚决不铺货。"

雨鞋和个护产品销量稳定后,2018 年 9 月份,张超在日本站推出了男装品牌,主打男士套装和棉服,短短半年时间,销售额超过了 500 万元人民币。

张超说,自己和企业都还年轻,前方有很多"大佬"值得学习。不过,产品"出海"这条路,必须得自己摸着石头慢慢走。

临安笛影贸易
有限公司链接

三十七　杭州安致电子商务股份有限公司

开启自主品牌 WantDo 柔性供应链出海之路

 企业名片

> 杭州安致电子商务股份有限公司(以下简称安致公司)成立于 2011 年,是中国(杭州)跨境电子商务综合试验区的重点跨境电商企业,也是首批进行合规化改造的自主时尚品牌跨境电商公司。公司以国外电商平台和自有品牌网站为主要销售渠道,以自主品牌(WantDo)服装的互联网销售为主要盈利模式,已形成集供应商管理、仓储管理、物流配送、市场开发、客户服务为一体的线下管理、线上销售的柔性供应链体系。

调转船头扬帆出海,户外运动品牌 WantDo 迎来广阔蓝海

走进安致公司,没有前台姑娘,取而代之的是一个船舵。CEO 谭铁说:"这个船舵是从一艘废旧的船上淘来的。我们做跨境电商,就是扬帆出海,跟船舵表达的意境一样。"

要说门口的船舵代表了企业的方向,墙上贴着的买家秀则看得出安致公司客户至上的经营理念。

"去年 2 月份,我在纽约的一家餐厅吃饭,中途出去过烟瘾,看到一个路人,穿着 WantDo 的冲锋衣。当时,我特别激动,拦住他,拍了这张照片。"谭铁几乎能说出每一张照片的故事。

WantDo 是安致公司打造的户外运动服装品牌,主要面向美国、英国、加拿大等欧美国家市场。

"这款滑雪服的外层采用了特殊面料,被树枝划一下完全没有痕迹。而且这个面料防水性特别强,防水的水压指数达到 10000 以上。还有,臀部内衬用了羊毛面料,不仅贴身穿更柔软,跌倒的时候还可以减震。再看看裤脚,我们多了一层设计后,就可以塞进滑雪靴里,雪不会倒灌进裤子里。对了,这款滑雪服的肩

带也改良了,多了一个粘扣,买家可以用流行的不背背带的穿法来穿滑雪服。"谭铁给我们展示了一件蓝色滑雪服,这是安致公司在亚马逊上架的第一款产品,上架不久,就买出了 10000 多件,不久之后,就"霸占"了同款竞品第一的宝座。后来经过不断改进升级,这件滑雪服成为店里的经典款。

滑雪产品一上架就受到好评,迅速延伸出了骑行、跑步、瑜伽、登山、游泳、徒步等十多个运动类型,产品有运动服装、运动箱包、运动配饰,以及篮球袜、滑雪袜、运动手套等多个品类。

在美国开启品牌战略 WantDo 要让美国人随时都买得到

对 WantDo 的质量,谭铁充满了自信。在 100 多名员工中,有近 20 名设计师,一半以上员工在供应链端,而运营营销团队仅有 20 几人,"我相信质量第一,所以我们的重心也在产品上。我们是专业的户外运动品牌,产品的每个细节都为运动而生,这是我们的专业"。

在电商中,服装是一个大类目,同时也是高退货率、高库存的行业。"库存即魔鬼",压死了很多企业。

"质量好也会被退货。收到货试穿后,颜色、款式都会被重新考虑,当初下单的理由可能就是退货的理由,"谈起退货,谭铁也很无奈,"穿衣服跟每个人的审美产生关系,千人千面。"

说起来惆怅,爱研究数据的谭铁,做起来却很有办法——通过大量数据研究,总结出一套核心算法,对每个产品进行预测。"我们会根据销售周期,把产品分成多个销售阶段,每个阶段的销售、生产、发货情况都要事先定下。再将数据提前提供给供应商,让供应商准备好生产材料,我们再下单生产。这样下来,基本上销售预测的准确率可以达到 80%。"

谭铁的一个老朋友,定居美国,是 WantDo 的忠实粉丝。一天,他在乘坐飞机时,坐在隔壁的外国朋友跟他穿了同款。朋友开心地跟对方合影,并把照片传给了谭铁:"你的衣服越来越普及了,真为你高兴。"

2017 年,安致公司成功登陆新三板上市。有了消费者和资本的双重认可,WantDo 的品牌化被提上日程——做美国人在家门口就能买得到的品牌,而非他们的"海淘"品牌。

谭铁说,术业有专攻,自己懂运动、懂设计,但不是营销专家,因此,WantDo 的海外品牌落地,要交给专业团队做。

2017 年 10 月份,安致公司与国内一家知名 4A 公司达成品牌宣传合作协议,双方启动三年合作计划,目标是在美国线下商超、本土线上平台全面上架WantDo。

"来杭州十年,交了一些好兄弟,发现了好的商业机会。杭州很美,工厂也多,朋友也多,这大概是我愿意在这里创业并愿意在杭州生活下去的原因吧。"2015年成立中国(杭州)跨境电子商务综合试验区后,安致公司成为首批进行合规化改造的自主时尚品牌跨境电商公司,真正抓住了好机会。

从"中国制造"向"中国创造"的转变是一个老生常谈的议题,但对于安致公司来说,却是一个实实在在的命题。

"走在国外街头,看到穿 WantDo 系列服饰的人越来越多,我有种说不出来的自豪感。"谭铁说,企业的愿景是"让世界爱上中国品牌",每每看到 WantDo 出现在街头,就充满了希望。

"让世界爱上中国品牌"并不是一件能够一蹴而就的事。谭铁说,通过自主品牌打造,不断提升中国品牌在境外的主导地位,将利润输送给境内的供应链的同时,也倡导更多的企业提升境内自主品牌的影响力。长远来看,这是一条改变境内加工制造业现状的有效途径,也是自己将持之以恒坚持的路。

杭州安致电子
商务股份有限
公司网址

第三篇

跨境电商服务商案例

三十八　浙江省对外服务公司
（杭州众智跨境电商人才港有限公司）

推动跨境电商人才"杭州模式"成为全国样本

 企业名片

浙江省对外服务公司创立于 1984 年，隶属于浙江省人民政府外事办公室，是国内首批开展人力资源服务和出国服务的专业公司。30 余年来浙江外服根植浙江，服务中外，为 3000 余家中外名企，近 20 万名中外雇员提供高效贴心的人力资源服务。

"在我的脑海里会出现一幅图，一座连接的桥，从我们人力资源的角度来看，就是连接一切可以连接的事物，连接着信息和能量。"浙江省对外服务公司副总经理戚燕如是说。2016 年年底，在中国（杭州）跨境电子商务综合试验区建设领导小组办公室的指导下，浙江省对外服务公司引进清华大学电子商务交易技术国家工程实验室和北京中清研信息技术研究院一起筹划成立跨境电商人才港。人才港的成立主要致力于建立大电商领域的全生态人才服务体系。戚燕认为，启动跨境电商人才港项目，就是用跨境电商的标准连接企业、连接院校、连接政府、连接研究机构，通过这个标准把跨境电商的各个元素桥梁打通，"未来跨境电商人才港的核心功能应该围绕三个中心，一是就业创业人才的培育和孵化中心，二是全国跨境电商人才集散配置中心，三是有关人才的大数据中心"。

参与研发全国首个跨境电商人才标准，
发起成立跨境电商人才联盟和产学研创新基地

对于跨境电商人才问题，主要要解决三个痛点：企业应该培养什么样的人才、怎么培养符合产业发展趋势的人才、如何构建标准化的人才培养体系。浙江省对外服务公司致力于以创新手段破解跨境电商人才短缺问题。

2016 年 12 月 22 日，根据跨境电商产业人才发展需求，浙江省对外服务公司

联合国家电子商务交易技术国家工程实验室共同研发了全国首个跨境电商人才标准。该标准是首个分层次、分领域实现资历架构的人才标准,首个贯通人才、课程、企业与院校的跨境电商人才标准体系。

2017年10月27日,跨境电商人才联盟正式成立,中国(杭州)跨境电商产学研创新基地正式启动。

跨境电商人才联盟是由13所省内高校(包括浙江大学、浙江工商大学、浙江师范大学等)、跨境电商平台(如阿里巴巴速卖通、亚马逊、Wish等)及相关机构企业联合发起的,浙江外服作为该联盟的副秘书长和副理事长单位。成立后联盟将陆续举办跨境电商人才研修班、高峰论坛和对接会,开展跨境电商高端智库、师资队伍、人才孵化基地建设,加强跨境电商国际交流与合作。

跨境电商产学研创新基地是在中国(杭州)跨境电子商务综合试验区建设领导小组办公室的指导下,由杭州众智跨境电商人才港有限公司、浙江省对外服务公司、电子商务交易技术国家工程实验室三方联合省内高校共同建设完成的。

同期,在"E揽全球·无境未来"跨境电商创新服务颁奖典礼上,一共颁出了九项大奖。共有来自25个国家,331个项目参加评选,从中评出16个最佳项目。其中众智人才港荣获"人才服务创新奖",是人才服务类唯一获奖项目。一同获奖的优秀企业还有亚马逊、阿里巴巴速卖通、谷歌、网易考拉、PingPong、连连支付等。

一年为跨境电商专业人才提供培训超过350次,重点完成人才数据服务中心和人力资本服务中心建设目标

2018年,浙江省对外服务公司在跨境电商人才建设方面更是结出了累累硕果——2018年初浙江省对外服务公司成为eBay唯一指定的浙江省人才孵化优选服务商,主要向eBay卖家提供培训服务。一年中,在浙江省内开展了5场eBay的专场培训课程,培训跨境电商专业人才350+人次。

2018年3月30日,综试办、实验室、人才港三方正式签订协议,确定了编制中国(杭州)跨境电子商务综合试验区五年发展规划(2018—2022)、提升与完善综试区线上综合服务平台、面向"一带一路"沿线国家和地区拓展综试区线上综合服务平台、建设全球网络贸易大数据实验室、建设跨境电商国际人才港和打造新外贸、新制造协同发展体系等合作方向。

2018年7月,签订智库建设暨产业新技术应用研究项目,包含中国(杭州)跨境电子商务综合试验区五年发展规划,跨境电子商务线上综合服务平台升级

建设方案采购协议等。

2018年10月18日,北京电子商务交易技术国家工程实验室、浙江工商大学、杭州众智跨境电商人才港三方签订战略框架协议。

2018年11月25日,完成跨境电商人才标准数字化应用项目,整体服务内容包含跨境人才标准数据结构设计、跨境电商人才标准数据化梳理、跨境电商人才标准可视化界面设计、本地化数据部署四个部分。

2018年11月26日,完成跨境电商人才社会培训基地认定。

依据浙江省对外服务公司(杭州众智跨境电商人才港)规划,接下来将重点完成人才数据服务中心和人力资本服务中心两大建设目标,推动跨境电商人才"杭州模式"成为全国样本。具体包括按照"整体规划、分步实施"的思路,对杭州线上综合服务平台进行拓展升级,构建一个基于大数据和智慧服务思维的"人才服务"平台。人才服务板块的建设一方面贯彻执行了国家、省(区、市)有关人才工作相关政策、法规,组织开展以资历架构为核心的能力评估、信息服务、培训学习、智能推荐、发展规划、就业指导等一系列人才服务;另一方面负责管理中国(杭州)跨境电子商务综合试验区人才市场和人才智库建设,汇集创新型、应用型专业技术人才及行业高端学术人才,提供人才信息服务。同时以国家实验室的研究能力结合浙江外服在人力资源多年的服务经验,建设中高端人才资本服务,从人才培养、招聘猎聘、人力产业等方面促进当地人才产业发展。

浙江省对外服务公司(杭州众智跨境电商人才港有限公司)网址

三十九　黑五电商学院

服务杭州，提供靠谱的跨境电商知识服务

 企业名片

黑五电商学院创立于深圳，坚持以"只做靠谱的亚马逊培训"为使命，致力于帮助愿意尝试和正在努力从传统 B2B 或境内电商模式转型出口跨境电商的企业实现品牌出海。黑五电商学院秉承创始人任佳伟"干货，靠谱"的理念，讲师团队都是一线实战电商领袖，始终坚持实战性教学，为卖家提供"实战、前沿"的亚马逊运营培训，对培训结果负责。凭借良好口碑，黑五电商学院至今已培训近 3000 名亚马逊卖家，线上课程学员超 50000 余名。

2018 年 8 月，杭州在深圳举办了一场跨境电商恳谈会。黑五电商学院应邀参加。恳谈会之前，中国（杭州）跨境电子商务综合试验区相关负责人专程来到黑五电商学院，双方进行了深入交流。通过此次面对面零距离的沟通，加上对整个华东的跨境电商发展的深入考察，黑五电商学院认为，杭州拥有在全国前列的电子商务产业优势、综合配套优势和网商网货资源优势，以及全国第一个跨境电子商务综合试验区的战略优势，是一片值得深耕的沃土。

就这样，深圳市前海星期五电子商务咨询有限公司来到杭州，注册成立了周五电子商务有限公司。"中国最大的两大产业集群，一个在珠三角，一个在长三角，杭州有很好的电商基因和电商人才，可以辐射整个长三角。杭州市政府对跨境电商的重视程度更加坚定了我们在杭发展的决心。"杭州周五电子商务有限公司负责人任佳伟表示，黑五电商学院的入驻，不仅将带动一批深圳跨境电商大卖家落户杭州，更重要的是，他们将不一般的跨境电商理念和运营模式引入了杭州市场。落地杭州后，不到半年时间里，黑五电商学院累计完成 200 人以上的会议两场、100 人以上的会议两场、沙龙 4 场，各类收费培训课程 7 场，完成线下培训合计覆盖人群 950 人次。

为客户提供一站式跨境电商知识服务

有人会问,黑五电商学院和其他培训机构有什么不同?

这要从创始人任佳伟说起。他是亚马逊实战新锐卖家代表,曾创造了 2 个 listing 在亚马逊平台月销 80 万美元的记录。毕业一年成功帮助过多家工厂建立多个品牌,擅长单品大爆款,已成功打造多个爆款。

大三时代主攻运营,大四进入跨境电商行业,对选品、运营、销售、客服、管理五个领域不断学习,向前摸索,与人交流,琢磨跨境电商亚马逊平台运营规律和方法,任佳伟总结出一套专门适用于在亚马逊平台打造爆款的方法,他说:"一个优秀的创业者是和行业人员一起把蛋糕做大,再一起去分蛋糕。1 亿元规模的蛋糕,你占得 10% 仅仅只有 1000 万元,而 1000 亿元规模的蛋糕,你占得 1% 也足足有 10 亿元。"10 亿元和 1000 万元的选择是显而易见的。

在创业生涯中,任佳伟一直在思考"如何将知识传播给更多的人,让大家都可以成为爆款大师"。他希望以后会有更多的优秀人员一起齐心协力将这块蛋糕做大,然后大家一起分蛋糕。黑五电商学院就是在这样的背景下诞生的,六大核心业务包括跨境电商人才培养、电子商务信息咨询、跨境电商企业员工培训、企业管理咨询等,以为客户提供一站式知识服务为宗旨。

让"靠谱的亚马逊培训"逐个击破从业人员心中的疑问

黑五电商学院认为,要真正帮助企业开始跨境电商并逐步发展到最终获取成功,需要很长的沟通和细致的辅导,黑五电商学院会从以下方面来"靠谱落地"。

首先是转变传统外贸等企业对跨境电商的认识。黑五电商学院坚持分享精神,针对企业、产业策划相匹配的主题的免费公开课和小型沙龙等。从了解企业开始,来逐步帮助企业转变对跨境电商的认识。黑五电商学院也在努力扶持有意愿突破自身的企业,做到用业绩说话,为行业发展树立榜样的力量。

其次是提升跨境电商运营能力。每个月,黑五电商学院都会排出适合各个层次、各个类型的公司和人员的课程表,做好持续内容输出。例如,外贸企业要做好跨境电商,往往陷入原有的思路,不能适应电商环境,转变外贸企业领导者的思路是非常重要与必要的。黑五电商学院会针对外贸企业设计特定的课程内容,包括跨境电商团队搭建与 KPI(key performance indicator,关键绩效指标)设置、招人与留人、市场调研、财务分析等方面,分层次框范围划重点,逐个击破企业主所关心的问题,真正帮助企业主做好跨境电商前期的基础知识积累并搭建跨境电商运营的框架思路。

新入行的运营人员对于如何操作店铺运营,往往存在诸多问题,对此,黑五电商学院开设理论与实操结合的入门培训课,针对不同适用人群来传递专业知识传递。

落地杭州后,"黑五"的课程也更加接地气,深入分析杭州目前跨境电商出口紧缺方向和问题后,吸取在深圳积累的亚马逊高级运营知识体系,专门推出了亚马逊运营中的"高级课程",如针对中高级的运营人才的亚马逊高级运营课,解决工厂亟须的爆款运营经验,并加强跨境电商算法逻辑解析,帮助外贸企业完成从进入市场到单款产品日均 30～300 单的爆款产品打造。还有针对外贸工厂的亚马逊运营市场调研课,让外贸工厂首先通过市场调研自己生产线上的产品和亚马逊平台的特定市场情况,来确认自己的产品在是否适合亚马逊平台,以及对现有生产线上产品的市场规模做到心中有数,其次让对于未来希望完成 B2C 转型的外贸工厂,知道该如何在技术和生产上调整发展方向,真正找到适合自己的跨境电商之路。

对于企业来讲,团队的成长并非一朝一夕可成,黑五电商学院坚持提供靠谱和完整的培训体系,提供各个阶段需要的知识体系和方法,帮助外贸企业的跨境电商团队从零开始搭建,成长为一个有足够战斗力的团队。"我们将坚持扎根杭州、服务杭州的理念,期待和杭州共同发展,成就杭州的跨境电商企业,也成就自己。"黑五电商学院相关负责人表示。

黑五电商学院
网址

四十　连连支付

从单一支付服务商到跨境电商生态建构者的"蜕变"

 企业名片

连连银通电子支付有限公司(以下简称连连支付)为连连集团旗下全资子公司。公司业务覆盖跨境贸易、电商、航旅、出行、物流、教育、房产、汽车、保险、基金、文化等20多个垂直行业。移动支付交易量年复合增长率达139%。累计交易金额超过2.79万亿元人民币,累计交易笔数超过9.26亿笔,累计服务用户数达3.69亿人。

从一名初入跨境收款领域的新兵,到快速崛起于跨境收款江湖,再到成为跨境电商生态构建者,短短5年时间,连连支付一路高歌猛进。

连连支付成立于2003年,是中国(杭州)跨境电子商务综合试验区首批战略合作伙伴,也是目前浙江省内最大的支付机构。连连支付的跨境收款业务致力于帮助中国跨境电商卖家安全、高效、便捷地收回平台账款。

虽然支付是跨境交易中最基础的环节,但在未来,连连还将从单一的支付服务出发,不断进化升级为跨境电商生态的探索者、建构者。

后发制人：跨境业务累计交易规模近千亿

在连连支付进入跨境收款领域之前,已经有几家境外企业占领了行业的大部分市场。但是,在看到了跨境收款市场的巨大潜力后,连连支付毅然决然地选择进入这个行业。

"以亚马逊为首的跨境电商平台,每年都在以30%的增速发展,除此之外Wish、Lazada以及崭露头角的Shopee也在境内市场大力扩张,越来越多的中国卖家正在加入这场跨境电商的盛宴中,所以我们自然选择了加入。"此外,在连连支付跨境收款业务资深总监金钢城看来,前期连连支付在服务PayPal、Uber、Amazon等大客户方面积累下了足够多的经验,拥有很强的境外品牌影

响力。"而且连连付支作为一家本土支付企业,跟几家境外的同行相比,我们和中国的卖家贴得更近,更了解卖家的需求,也能更快地抓住行业的痛点。我们既可以针对本土化的需求来研发和改进产品,更能提供 24 小时在线这样的贴心服务。正是基于这些方面的综合考量,我们毅然决然地选择进入这个领域。"金钢城补充道。

伴随着中国跨境电商行业走向成熟,连连支付的支付业务规模 5 年间也不断壮大。据连连支付 CEO 潘国栋透露,截至 2018 年年底,连连支付历史累计交易金额超过 2.79 万亿元,累计交易笔数超过 9.26 亿笔,累计服务用户数达 3.69 亿人。在跨境支付领域,连连支付累计服务跨境电商卖家超过 39 万家,累计跨境交易金额超过 930 亿元。

"连连支付这些耀眼的成绩,源自于赋能广大卖家'货通全球'的决心,也源自于深厚的技术积淀和强大的资源实力。以境外牌照为例,连连支付目前获得了美国、英国等国家和中国香港等地的支付牌照,同时也在欧洲、北美、南美、东南亚等地设立公司并申请当地金融牌照。"潘国栋表示,连连支付也是境内支付企业里,唯一在自有生态体系中,拥有如此多境内外支付资质的公司。"这是连连支付在数字时代搭建全球新资金网络的支撑,也是众多卖家选择连连支付的原因所在。"

卖家为"本":"产品+业务模式"双轮创新驱动

伴随着跨境电商行业进入深度调整期,2019 年,整个行业的竞争将越发激烈,机遇和挑战并存。

就现状来看,目前市场上的其他收款产品,整个的跨境收款流程其实是几个小环节组装起来的,每一个环节可能都涉及不同的服务商,这对于整个跨境收款的安全和效率其实是一个很大的挑战。"而连连跨境收款是行业内同时在境内拥有人行和外管许可并在境外具备媲美同行收款能力,且是目前市场上唯一可以提供闭环收款服务的服务商,"金钢城表示,"这种全程不经过第三方的服务模式,不仅大幅提升了资金周转效率,最快只需 67 秒就能帮助卖家将资金提现到境内,这个速度是同行无法比拟的。这极大地提高了卖家的资金周转效率;同时也降低了跨境收款的成本,使得我们在市场上能推出费率不高于 7‰ 的有竞争力的价格。"

跨境收款作为连连支付内部的孵化项目,在业务初期,团队非常小的时候,就很敏锐地发现了市场的突破点——ERP 平台。随着跨境出口电商的飞速发展，ERP 早已成为中国几十万出口电商卖家们依赖的系统，没有 ERP，效率将要大打折扣。然而，长久以来 ERP 也存在着重要的缺失的一环——跨境支付。有了跨境支付的介入，ERP 系统针对跨境电商行业所服务的生态链将完全打通，可以解决电商卖家在线贸易环节中资金处理的问题。

在洞察到商机后，连连支付很快就和市面上主流 ERP 企业，如赛盒、马帮、通途、店小秘、易仓等展开合作，把产品功能直接输送到 ERP 那一端，进而通过 ERP 共同服务客户。这个崭新的合作模式给连连支付带来了巨大的突破。

"现在连连支付仍然有很大一部分的交易量来源于 ERP 渠道，"金钢城表示，"这是一个业务模式上的创新，别人以前都没有做过。之前其他同行一般只是简单地在 ERP 上用广告的形式进行推广，这种模式合作并不深入。以往跨境电商卖家进行提款操作必须要登录到支付平台，而连连支付通过与 ERP 平台的深入定制合作，卖家可以在 ERP 平台上完成电商平台自动收款、实时查询账户余额、财务对账、店铺资金一键提现等操作，系统管理更简单。"

除了合作模式上的创新，连连支付也在产品模式上进行了创新。连连支付跨境收款为开通多个站点多个店铺的卖家提供了"多账户统一管理模式"：我们可以帮助卖家将他在亚马逊上所有的店铺管理起来，并且做到和亚马逊平台一一对应的管理。这种管理模式为卖家提供了极大的便利。

后顾无忧： 新平台 LianLian Link 提供一站式全链路服务

选品、物流、营销……为了更加高效快捷地帮助卖家匹配优质的服务商，连连支付上线了全球首个跨境电商服务在线交易平台——LianLian Link。目前，平台综合了卖家平台、服务商平台、开发者平台和供应商平台，通过聚合开店、选品、营销、物流、金融等全品类服务商，为跨境电商卖家提供一站式全链路服务。

此前，跨境电商服务商、供应商在服务跨境电商卖家时，大都是通过传统线下或独立服务的方式，这种方式是离散的、个体的。"LianLian Link 最大的价值是'连接'，纵向连接供应商，横向连接服务商，覆盖跨境电商全产业、全流程。"连连产品架构师廖会成表示，LianLian Link 会像桥梁一样连接服务商和卖家，让跨境卖家有更多的选择，并且帮助他们选出最合适的那一个。

"就拿物流来说，LianLian Link 汇聚了跨境圈大部分物流服务商，哪家更便宜，妥投率更高，卖家只需要通过智能筛选，就可以在短时间内筛选出最适合自己的物流商，用最便宜的价格送最快的物流。"廖会成表示。

　　LianLian Link 一个革新性的亮点是所有服务交易都在线上完成，平台可提供多行业担保交易，大大降低了交易风险；平台还将建立一整套口碑评价机制，服务商口碑越高，获取订单的机会越多，从而能够引导服务商更好地为卖家提供服务，这或将重构行业竞争格局。

連連支付网址

四十一　PingPong

日交易峰值 2 亿美元，打赢跨境收款战役并非易事

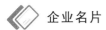 企业名片

> PingPong 是服务于中国跨境电商卖家的专业平台品牌，为中国跨境电商卖家提供低成本的跨境收款、光年、福贸出口退税等服务产品，是目前唯一一家同时在美国、欧洲各国、日本、中国香港等发达国家和地区拥有支付牌照的中国跨境收款企业，连续三年被国际权威第三方评为合规机构最高评级。

作为跨境电商不可或缺的服务环节，跨境收款行业近年来冒出了很多新晋企业。其中或许有不少企业仅仅是"昙花一现"，但也有些可以走得更远，PingPong 就是其中一个。

2016 年才正式上线的 PingPong，目前的业务布局覆盖已经超过全球 43 个国家和地区。2018 年，PingPong 日交易峰值达到 2 亿美元，截至目前，使用 PingPong 年销售额过亿的企业也已经达到 120 家。PingPong 花了两年时间跑到了跨境收款这个赛道的前列，也愈发清楚，要打赢跨境收款这场战役并不是一件容易的事。

以合规为前提，深耕单一领域

与大多数同时拓展多种业务的跨境支付企业不同，在 PingPong CMO（首席营销官）卢帅看来，跨境 B2C 电商收款这个市场有非常大的潜力，是值得 PingPong 在这个单一领域中进行深耕的。

2019 年 1 月份，国内权威咨询机构易观发布了 2018 中国跨境出口电商发展白皮书。白皮书数据显示，2017 年中国跨境出口电商交易规模达 6.3 万亿元，同比增长 14.5%，预计 2018 年交易规模达 7.9 万亿元。

对此，卢帅表示，尽管现在已经有几十万上百万家跨境电商企业，但 PingPong 判断，未来 10 年之内，全中国贸易型或者产品型的企业，都会或多或

少地开拓自己的出口电商业务,这个市场发展空间还很大。

除了期待的增量外,行业的广度和渗透率也还有很大的构建性。以 PingPong 为例,目前 PingPong 覆盖的国家有十多个,但全世界有 200 多个国家和地区,每个国家的监管模式和币种都不一样,这也代表可拓展的潜力是很大的。

"但是,市场大并不代表所有企业都能进入分一杯羹,"卢帅强调,"跨境收款领域对团队的门槛是很高的。其中最大的门槛就是合规性,若团队没有相应的专家解决合规性问题及获取资质拿到牌照,这个团队要做跨境收款业务就困难重重。实际上,PingPong 在正式上线前就已经做了长达两年的准备。"

业内人士指出,支付牌照在境外有相应的监管程序,每年都会有第三方检查。跟境内牌照不同,境内支付牌照会告诉你有什么标准,相当于应试一样,能完成才能审批。而境外监管渗透率更高,支付企业要真正说明产品的形式及为何是合规的,这样境外机构才能确认这家企业是否有资质去确保资金安全。"所以,获取境外牌照更注重的是如何把自己做到滴水不漏。"卢帅补充道。

费率战争中想要突围,眼光要长远

尽管门槛高,但收款行业的增长潜力还是吸引了不少新企业加入到该行业中。除了之前进入中国跨境电商市场的外资支付企业,还有不少新加入跨境收款大军的支付企业,有的甚至采取 0.5% 甚至更低的费率去快速拓展市场份额。

但并不是所有企业都能跑赢的。卢帅指出,跟互联网凡事求快的特质不同,"厚积薄发"成为这个跟法规、资质关联紧密的行业的基本打法。

"这要求企业首先不能急功近利,要将长期利益摆在短期利益之前。然后就是要着眼服务行业,因为跨境电商行业越好,提供的土壤才更丰厚,服务型企业才能挣更多的钱。"卢帅如是说。

当然,市场蛋糕足够肥美,要攻下市场,不同支付企业采取不同的打法。有的支付企业采取了极低费率的"价格战"打法。很明显,极低费率对于跨境电商卖家来说是有很大吸引力的,那对于收款企业来说,是应该加入到"价格战"中还是想另外的方式突围呢?

"首先必须尽量不卷入价格战里,因为 PingPong 设立费率的定价判断并不是根据某一家企业的价格,而是从行业角度判断的。"卢帅表示,在初创开始,PingPong 就设立了 1% 的费率,主要是当时行业费率大概在 3%~5%,降到 1% 后给用户带来 2%~4% 的价格优势是出口电商卖家所关心的,因为这些卖家的纯利大概在 10% 或以下。

卢帅认为，在1%以下就是拼价值的阶段了。"PingPong的核心用户是价值认可的客户，PingPong始终引导客户让他们知道获取增长和成长才是现阶段中小跨境电商应该走的路。"

"与其帮助卖家省0.3%～0.5%的钱，还不如想各种办法帮忙给客户提高效率，多挣5%～10%。后者才是增长的思维，前者只是保守者思维，只适合夕阳西下的行业，跟快速增长的跨境电商行业不符。"卢帅说道。

从"更了解用户"出发，首创"光年""福贸"新产品

当然，在市场上有"短平快"的新入场对手，也有资历很深的外资支付企业对手。针对这些早很多年进入跨境支付行业的竞争者，正式上线不到两年的PingPong如何抗衡呢？

在卢帅看来，"更加了解用户"是跟这些外资企业竞争的资本。

"无论用什么营销策略、销售工具和技巧，归根结底，PingPong相对于外资企业的优势在于可以从中国卖家角度来考虑问题、思考问题并提出解决方案，跟他们一起优化。"卢帅表示，在PingPong上线后，每三个月都会推出改变或者升级。而在此前，整个跨境收款行业无论是效率、费率还是客服质量都还处于一个初级水平。"那时候卖家想用一个外资收款平台可能要打电话到香港，客服还可能用的是粤语。而中国企业优势在于更懂境内市场，更有能力去进行快速迭代和改进。"

上文提到的费率仅仅是其中一方面，PingPong还使得行业内的卖家拥有了更快的提现体验和更好的客户服务。PingPong上线之初，提现到账的时间是两个工作日。这在当时普遍提现时间为一周的行业内已属突破。但是PingPong仍然不满足，将最快提现时间缩短到了两小时。

解决了费率高的问题后，PingPong开始更多地思考如何创新产品，帮助卖家更好地货通全球，于是，"光年"产品应运而生。"其中，出账提现和即时收款两大功能是PingPong独有的功能，瞄准的正是跨境贸易回款账期长、资金周转慢、融资难等跨境卖家更深层痛点。"卢帅表示，"我们知道资金流转率其实一直是大家想说不能说的痛。货款从出账到入账要经过电商平台打款、银行间流转、入账确认三个流程，这个流程一般要3天，若再碰上周末或者节假日，可能就是7天。但使用'光年'的出账提现，只要平台一出账，PingPong就会显示入账，卖家就可以提走资金，比全球的其他电商支付渠道提前3～7天拿到货款，境外本土卖家都还没有收到款的时候，中国卖家就已经收到钱了。即时收款则指订单无须买

家确认，卖家就可以拿到钱。这也意味着卖家最高可省 120 天的回款时间。"

值得一提的是，PingPong 还创新打造出了"福贸"这个一站式出口退税产品，可帮助卖家摆脱烦琐的报关退税流程，将跨境卖家的退税周期缩短至 1～3 个工作日，有机会提升 3％～7％的利润。目前已全面支持 USD(美元)、EUR(欧元)、GBP(英镑)、JPY(日元)、AUD(澳元)、CAD(加币)等多个币种。

PingPong 网址

四十二　跨知通

助力跨境电商出海企业避开"雷区"

 **企业名片**

国内首家跨境知识产权服务平台,为中国制造及外贸企业提供国际商标注册、专利运营保护、境外公司注册、品牌标志设计、税务代理记账、股权合伙协议、法律终端诉讼等一站式新型在线法律服务。

当今世界是知识经济时代,知识产权作为一个企业乃至国家提高核心竞争力的战略资源,凸现出前所未有的重要地位。

2016年1月,境内首家跨境知识产权服务平台跨知通正式上线。跨知通利用互联网技术开创全新涉外在线法律服务模式,整合知识产权代理人、律师、会计师、设计师、摄影师等服务者,信息化对接企业需求,构建智能化涉外在线法律服务系统,让跨境电商创业者享受成本更低、效率更高、专业更强的在线法律服务,助力中国企业在境外完成国际品牌的创建和保护。

理想破土: 用"互联网＋法律",捍卫中国企业知识产权

为什么要做跨知通?这和高进军的个人经历密切相关。

大学时候,高进军学习法学专业并辅修了国际贸易专业。毕业后,他先是在一家工贸一体的进出口公司从事出口业务。3年后,他创立了杭州朗裕科技有限公司,出口眼镜、服装、卫浴等产品。2013年初,朗裕科技开始转型,开始了外贸在线零售。他建立起了专业的团队,搭建自己的跨境出口网站,还在亚马逊、Wish等境外跨境平台做推广,成功地从传统的外贸商转型为跨境电商。

成为别人眼中"吃螃蟹"的先行者,必定也先比别人踩过更多的坑,跌过更多的跤。"我们过去设在境外的独立网站,曾有两次被当地企业上诉,说我们侵权。第一次我们没有应诉,相当于默认,服务器被当地法院强制关掉了;第二次我们应诉了,法院判定我们没有侵权。"高进军说,"所谓应诉,其实只是一个简单答

辩，但是由于境外打官司成本非常高，大部分的中国企业选择放弃，在事实并没有侵权的时候，等于吃了哑巴亏。"

自己吃过的亏，不想让后来者们再吃。于是，高进军开始思考，如何将自己的专业知识、十余年职业经验和背后丰富的外贸、法律等各方资源相结合，捍卫中国出海企业的正当权利。

就像一颗种子，深埋时默默积蓄能量，一旦有了适合的气候和土壤、充足的阳光和水分，便一举破土而出，迎风成长。对高进军来说，跨知通便是这颗理想的种子。2016年1月，"跨知通"应运而生。

"今天，当我们在谈论外贸的时候，几乎都认定跨境电商是外贸稳定增长的动力，是供给侧改革的新通道。但是当我们津津乐道于跨境的无限商机时，也许忽视了最重要的问题：这个行业有数十万家企业，他们的商业故事是如何发生的？他们是如何突破现有的商业模式的？他们如何成为真正具有国际竞争力的企业？他们的核心技术是什么？他们的技术有没有知识产权的保护？"在高进军看来，技术、市场和创新的商业模式，都无法确保一家公司成为领军者。

"已经站在商业赛道的竞跑者都明白，赢得一个赛段或许简单，但要赢得整个赛程，仅仅依靠技巧是不够的。企业更重要的是加大产品研发、掌握核心技术、保护知识产权形成'垄断'。这才是在公平、充分参与国际竞争中最有力武器。"

迎向风口： 痛点就是机会点，护航中国企业扬帆海外

高进军的预测是对的。由于长期以来对知识产权的忽视以及应对经验、能力的不足或缺失，当前从事跨境电商的企业遭遇侵权问题并不在少数，所面临的局势也越来越险峻。

特别是今年以来，亚马逊、Wish、速卖通等主流跨境电商平台都加强了品牌保护政策，境内有一大批跨境电商出口企业正踩在"雷点"上。同时，随着跨境电商企业规模不断扩大，他们也正在遭遇反倾销、反补贴及涉外诉讼、仲裁等传统贸易会遇到的问题，他们急需为自己建立起一道法律屏障，而当遭遇不公对待时，他们正需用法律来保护自己的合法权益。

行业痛点就是机会点。作为浙江省内仅有的两家能自主进行涉外商标注册服务的机构之一，跨知通具有在全球200多个国家商标注册的能力，拥有多年商标申请经验的资深专家，并与美、德、日、俄等中国主要外贸国家的100多家法律机构达成合作，如美国排名前十的知识产权专业律所中有4家已经和跨知通达

成合作,为跨知通开展在境外的知识产权法律代理业务。

此外,跨知通通过整合设计师、摄影师等服务者资源,信息化对接企业需求,为企业提供品牌设计、图片拍摄、优化等服务;旗下的跨知通学院,邀请超过50位律师、会计师、跨境电商创业者等一线实战专家组成专家讲师团,为企业提供权威、实用、有效的培训服务等。

"跨知通的业务都是相辅相成的,目的就是让跨境电商创业者享受成本更低、效果更高、专业更强的在线法律服务,助力中国企业在境外完成国际品牌的创建和保护。"高进军表示。

跨知通网址

四十三 杭州峰澜信息科技有限公司

境外营销领跑者,跨境人才新基地

 企业名片

> 杭州峰澜信息科技有限公司是跨境电商整合营销领跑者,为出海企业提供B2B/B2C独立站、Google、YouTube解决方案,公司专注于帮助中国企业开拓境外市场,2017年与Google建立合作关系并成为Google优秀合作伙伴,运营Google出海体验中心。

清晨,浙江金迪控股集团有限公司外贸经理何琳娜来到办公室,坐下来的第一件事情就是打开电脑,登录Google Ads管理后台,查看昨天的境外推广情况。通过推广获得的询盘数据几乎每天都在创新高,这让何琳娜倍感欣慰。

金迪集团是Google进入杭州后的第一批客户。作为杭州跨境电商综合试验区"杭州品牌扬帆出海计划"的实训基地,谷歌出海体验中心致力于帮助更多像金迪这样的外销型企业拓展线上营销渠道,扩大境外贸易份额,打造优质境外品牌。

Google 在杭州的 "home"

2017年1月18日,由杭州峰澜信息科技有限公司(以下简称峰澜)运营的谷歌出海体验中心正式落户杭州市上城区望江街道。

走进峰澜,不难发现体验中心在装修和设计上都颇具Google的风格,"Google Style"(Google风格)赫然呈现在体验中心的方方面面——富有设计感的桌椅,四色为主的Google的Logo色调,Material Design(材料语言设计)的运用等。在这里,用户可以通过电脑、平板和手机,尽情地享受Google带给我们工作和生活上的乐趣。

杭州峰澜董事长李美群表示,当时成立峰澜是希望借助Google Ads平台帮助杭州及其周边的外贸企业走出国门。"峰澜的取名源于雷峰塔、文澜阁这两个

具有历史沉淀的景点,我们希望峰澜将来也能成为一家具有历史意义的公司。"李美群介绍,"另一方面,峰澜和英文 find land 谐音,find land 翻译成中文就是寻找沃土,我们希望更多公司通过峰澜这个载体在境外找到更多商机,这是峰澜创建之初的一个小目标。"

跨境电商全新突破口

相比于其他的付费推广方式,李美群认为,Google Ads 主要有三点优势:第一个优势,它能够精准地帮助外贸企业寻找境外市场。"很多外贸企业过去都重点关注欧美这些发达国家。"李美群谈到,"其实有一些新兴市场正等待外贸企业去开拓,这时候,Google Ads 就可以利用它的大数据精准分析出具有商业机会的地区,帮助外贸企业寻找新的商机。"第二个优势是它拥有巨大的流量优势。李美群表示,Google 占据了 10 个全球超过 10 亿活跃用户的平台中的 8 个,如果能利用好这些流量带来的红利,对活动和产品的推广都能提供巨大的帮助。第三个优势是它的全面性。李美群介绍,Google Ads 拥有 132 种国际语言,超过 200 多万个网站联盟,这一方面确立了资源主导权上无法撼动的地位,另一方面也使得 Google Ads 具有百搭的风格,能够为各类企业提供海外数字营销服务。

除了为外贸企业提供全球营销解决方案,杭州 Google 出海体验中心还会定期举办海外营销培训、各种论坛、经验分享等活动。"我们希望通过 Google 这个国际化平台,给予现有外贸人员知识储备和技能提升方面的一些帮助,"李美群表示,"Google Ads 拥有巨大市场份额,定位日益精准,除了帮助外贸企业推广产品外,也能帮助外贸企业打造优质的境外品牌。"

打造全国标杆体验中心

2015 年 3 月 28 日,中华人民共和国国家发展改革委员会、外交部、商务部联合发布了《推动共建丝绸之路经济带和 21 世纪海上丝绸之路的愿景与行动》("一带一路"政策)。李美群认为,Google 全面覆盖的巨大流量和"一带一路"政策是相匹配的,通过 Google Ads,可以形成"天时地利人和"的局面,帮助外贸企业抓住"一带一路"政策覆盖国家的最新商机。

当问及目前外贸企业存在的一些问题,李美群表示,部分外贸企业的负责人理念需要进行转变。她认为,企业负责人的格局和定位对企业发展起着决定性作用,目前很多外贸企业还停留在传统展会的推广和传统渠道的销售上,如果企业负责人没有与时俱进，用最新的理念去迎接时代的发展，公司很难跟上时代的浪潮。除此之外，李美群还谈到了人才需求问题。"目前外贸企业急需真正具备外贸跨境能力的人才，"她告诉我们，"现在很多外贸企业有好的产品和好的销售渠道，但是因为缺乏一些运营、外贸实战方面的人才，在境外推广方面遇到了很多困难。"针对这个问题，峰澜会定期举办有关数字营销、大数据透视等方面的专业课程，并结合实战训练，努力将自身打造成一个跨境电商人才基地。

谈及未来峰澜的规划，李美群的目标是将谷歌出海体验中心打造成全国标杆的体验中心。"我们计划在未来 3 年每年举办不少于 40 场专业培训讲座，培养 200 名跨境电子商务专家，培育 1000 名优秀的大学生种子选手，服务 3000 家跨境电商企业。"她表示，"我们希望通过自身的努力和 Google 优质的资源，帮助更多杭州跨境电商企业足不出户、营销全球。"

杭州峰澜信
息科技有限
公司网址

四十四　杭州翔天供应链管理有限公司

打造跨境电商一站式服务平台

 企业名片

　　杭州翔天供应链管理有限公司打造了跨境 B2B2C 贸易服务平台,与亚马逊、阿里巴巴等合作一厂一品类,为工厂提供品牌运营、互联网数字化营销等跨境电商一站式服务,带领中国质造出海。同时,公司坚持自有品牌发展,拥有"Magic Power""Puli"等多个品牌,成为多品牌运营的现代化时尚企业。

服装外贸公司转型跨境电商,翔天发现了出口业务中的新蓝海

　　拱墅区湖州街 18 号,是一个 6 层的独幢小楼。走进其中,男装、女装、童装、时尚配饰……每一层都有一个展厅,展示着不同的产品。这幢小楼就是杭州翔天供应链管理有限公司的总部。从 2013 年搬来这里,至今已是第 6 年。

　　这 6 年,恰好是翔天从外贸代加工企业向跨境电商企业的重要转折期。如今,翔天已经成功转型成提供全方位服务的服装制造商,专注于跨境电商平台上的自有品牌出口。大楼里陈列的琳琅满目的产品,都是转型成功的见证。

　　"以前,有 1/4 的全球百强零售企业是我们的客户,我们提供产品代加工。现在,我们是亚马逊的合作伙伴,自有品牌已经出口加拿大、美国、日本等 30 多个国家和地区。"创始人陈锦华说。

创办品牌转型跨境电商,20 年的老牌外贸企业发现新蓝海

　　翔天成立于 1998 年。"那时候,总部在香港,做服饰出口贸易,给 CK、ZARA、ASOS 等品牌代加工。"陈锦华说,公司成立 20 年,赶上了做外贸的红利期,但一年又一年,也慢慢走到了发展的瓶颈期。

　　"没有自己的品牌,赚再多钱,心里也不踏实。"2010 年,陈锦华下定决心转

型,创办了男装品牌 Magic Power,主攻境内市场。为了迅速打开市场,Magic Power 很快开了 22 家线下店。

"店很多,做得风风火火,但实际情况并不理想。"陈锦华坦言,现实跟预想相去甚远。这一次滑铁卢,让他意识到,对境内市场,自己并不了解,也不懂境内的营销手段。多年来,自己面对的都是境外用户,对境外消费习惯和市场的了解才是自己的优势。

2015 年,中国(杭州)跨境电子商务综合试验区成立。作为全国第一个跨境综试区,为杭州的跨境电商发展,带来了政策和环境的双重优势。踩准时机,陈锦华再次将目光对准了境外市场,决定将自有品牌往境外卖卖看。

"对中国的企业来说,这是一次在境外树立自己品牌的机会。要是能把握住这次机会,就可以开拓出企业发展的新蓝海。"陈锦华说,自己运气还不错。一踏入跨境电商市场,就碰到亚马逊在寻找合作伙伴。双方坐下来一聊,有种相见恨晚的感觉,随即达成了战略合作协议。很快,成为亚马逊的深度合作伙伴,翔天旗下的品牌一入驻亚马逊,就有了不错的曝光机会。

实力带来运气,翔天的"好运气"正是源自十多年的供应链积累。当时,翔天有 100 多家合作工厂,都是搭档了十几年的老朋友。同时,在海宁、下沙都有检品中心,对品质的把控特别严苛,"我们的生产能力、设计能力和组货能力,是一般企业不能比的,这也是亚马逊最看重的"。

把控质量紧跟时尚做服装,要紧盯市场

服装是个让人又爱又恨的类目。爱的是,它的市场足够大,回购率高;恨的是,它跟每个人的审美产生关联,退货率高。高退货率必然带来高库存,而库存压死了很多企业。

翔天一直在想办法解决库存问题,"运出去的货,绝对不可能再带回来"。陈锦华说,撇开客户审美不说,产品质量一定要过关。

采购回来的面料,一定会做好缩水率、柔软度等检测,差的面料不能出现在工厂里。然后,在总部写字楼里,就有制版间、打样间,把原本需要在工厂进行的环节提前到自己可控的范围内。同时,海宁、下沙的检品中心会再次对质量把关。

在亚马逊上,销量第一的披肩就由翔天出品。这是一款纯色披肩,前面有一排纽扣,可以有三种穿法。"这种简单款式的披肩,在境内肯定卖不到这么火爆,但在境外却是非常受欢迎。"陈锦华说,这款披肩卖得太好了,连夏天都在出单。

这种对时尚趋势的精准把握,来自强大的设计团队的支持。现在,除了境内设计团队,翔天在英国、美国也有设计师驻扎,就是为了能更好地掌握境外的流行趋势,及时纠错。

一厂一品类,翔天要继续丰富产品线

很多跨境电商企业,走的是专一路线,即瞄准一个类目,深度做下去。但是,翔天不太一样,它有男装线、女装线、饰品线、瑜伽运动线等几十个品牌,涉及几十个类目。

"价格低,质量好,不起眼的小东西做到极致了也有很大的市场。只要产品质量上得去,价格控制得住,就不会有做不好的类目。"陈锦华说,只有选不对的产品,没有做不好的类目。任何一个类目,我们都可以用几款产品进行快速试错,总是能选对产品。

接下来,翔天计划沿着"一厂一品类"的规划,继续扩充产品品类。按照深度合作的100多家工厂来算,翔天想将品牌数量也扩大到100多个,"也不光是为了翔天的发展,更是为了带着100多家合作工厂的兄弟一起发展"。

20多年合作下来,很多工厂从最初的辉煌慢慢濒临破产,当自己找到了一条转型的新出路,发现了一片新蓝海之后,有责任带着大家一起转型。陈锦华说:"企业做到一定程度,不关乎钱,而是变成了一种责任,一种情怀。"

杭州翔天供应链管理有限公司网址